"공부습관 확실히 잡아 주는 공습"

• • • • 공부습관을 잡으면 **성적과 학습능력은** 저절로 올라간다!

자기 분야에서 눈에 띄는 성과를 이루어 낸 많은 사람들은 한 목소리로 좋은 습관이 성공의 열쇠였다고 말합니다. 공부도 마찬가지입니다. 자신의 페이스를 꾸준히 유지하며 공부하는 습관을 들인다면 학습능력과 성적은 저절로 따라 올라갑니다.

• • • • **올바른 공부습관**이 없다면 학습능력은 사상누각!

본격적인 학교 공부를 시작하는 시기인 초등학교. 바로 이때 공부습관을 제대로 잡아 주는 것이 무엇보다 중요합니다. 이때 형성된 공부습관이 이후 중·고등학교에서의 학업 성취도를 좌우하기 때문입니다.

• • • • '워밍업 ➡ 해결전략연습 ➡ 의욕충전'의 3단계 학습법

본격적인 운동을 하기 전에 준비운동으로 몸을 풀면, 안전하고 더욱 효과적인 운동을 할 수 있습니다. 공부를 시작하기 전에도, 먼저 두뇌를 공부할 수 있는 상태로 풀어 주어야 더욱 효율적인 공부를 할 수 있습니다. 공습에서는 준비운동을 통해 두뇌를 공부 모드로 바꿔 준 다음, 해결전략을 연습하는 문제를 풉니다. 그리고 공부 의욕을 높이는 짤막한 글로 마무리하여 학교·학원 공부를 더욱 충실히 수행할 수 있도록 합니다.

▶ 전략 훈련 문제 ◀
해결전략에 따라 순서대로
문제를 푸는 습관 키우기

▶ 다양한 퍼즐 ◀
공부를 시작하기 위한 준비운동

▶ 마무리 글 ◀
긍정적인 공부 태도 충전

" 공습으로 잡는 3대 공부습관 "

・・・・ 첫째, 스스로 공부하는 습관

잔소리를 해서 공부를 시키는 부모와 잔소리 때문에 억지로 공부하는 아이, 모두 스트레스를 받습니다. 그러나 억지로 하는 공부는 오히려 아이에게 공부에 대한 반감만 일으킬 뿐입니다. 일단 아이의 공부 부담부터 줄여 주세요. 남들 한다고 따라서 이것저것 아이에게 시키지 마세요. 이 시기에는 하루하루 꾸준히 스스로 공부하는 습관을 잡아 주는 것만으로도 충분합니다.

공습은 하루 10분, 부담 없이 재미있게 공부할 수 있습니다. 아이와 하루 10분 **공습** 공부를 약속하고 지켜 보세요. 시키지 않아도 스스로 공부하는 아이를 만날 수 있을 것입니다.

・・・・ 둘째, 차례차례 문제를 해결하는 습관

긴 글만 보면 괜히 주눅이 들어서 자기가 가지고 있는 실력을 100퍼센트 발휘하지 못하는 아이들이 많습니다. 이것은 무엇보다 문제의 핵심이 무엇인지 파악하는 훈련이 되어 있지 않기 때문입니다. 학년이 올라갈수록 문제를 분석하여 해결 방법을 찾는 능력이 많이 요구됩니다. 초등학교 때부터 차례차례 문제를 해결하는 방법을 훈련하여, 이를 습관으로 만들어야 합니다.

공습은 절차적 문제해결전략을 반복해서 훈련함으로써, 핵심을 잡아내는 공부습관을 만듭니다.

・・・・ 셋째, 꾸준히 공부하는 습관

하루 세 끼 규칙적으로, 알맞은 양을 먹는 것이 건강을 지키는 방법입니다. 공부도 마찬가지입니다. 매일매일 아이가 할 수 있는 양만큼만 꾸준히 공부한다면, 아이는 공부와 시험에 대한 부담을 덜어 내고, 자신의 실력을 차곡차곡 쌓을 수 있습니다. 꾸준히 공부하기 위해서, 우선 아이 스스로가 공부는 할 만한 것이라는 자신감과 재미를 가져야 합니다.

공습은 문제해결전략만 이해하면 누구나 풀 수 있습니다. 따라서 아이는 문제를 풀면서 자신감을 갖게 되고, 이러한 자신감은 공부에 대한 재미로 이어져 꾸준히 공부할 수 있는 습관을 만듭니다.

"공습의 훈련 프로그램 - 공습국어 초등독해"

・・・・ 글을 빠르고 정확하게 읽는 습관을 잡는다.

책을 많이 읽는 아이가 반드시 국어 성적이 좋은 것은 아닙니다. 한쪽으로 치우친 소재와 갈래의 글만 읽거나, 책을 덮고 나면 읽은 내용이 무엇인지 모르는 아이에게 또 어떤 잔소리를 하시겠습니까? 책 읽은 양만큼 국어 능력을 올리려면, 책을 읽고 난 다음에 글 전체의 짜임, 글의 내용, 글의 주제 등을 읽어 내려는 노력이 있어야 합니다. 공습국어 초등독해는 다양한 소재와 형식의 글을 제시하여 아이의 편독을 줄이고, 또 글을 빠르고 정확하게 읽는 방법을 반복적으로 훈련합니다. 그래서 아이가 언제, 어디서, 어떤 글을 읽더라도 글의 핵심을 제대로 집어낼 수 있도록 만듭니다. 공습국어 초등독해는 아이에게 책을 사 주는 것 말고는 달리 방법을 모르는 부모 대신 제대로 글 읽는 법을 가르칩니다.

・・・・ 감 못 잡고 권수만 채우던 읽기에서 핵심을 쏙쏙 뽑아내는 체계적인 읽기로

어릴 때부터 꾸준하고 올바르게 다듬어진 독해 능력은 모든 학습의 밑바탕이 됩니다. 글의 종류와 짜임, 그리고 상황에 맞게 핵심을 찾아 읽어 내는 것을 '정독' 이라고 합니다. 그러나 책을 많이 읽는다고 해서 누구나 정독을 하고 있는 것은 아닙니다. 많은 양의 독서가 저절로 정독 습관을 가져다주는 것도 아닙니다. 다양한 글을 본격적으로 읽기 시작하는 초등학교 단계에서부터 글을 제대로 읽을 수 있는 틀을 다져 주어야 합니다. 공습국어 초등독해는 다양한 글을 읽고 글의 핵심을 체계적으로 파악하는 전략을 훈련시키며, 나아가 이를 습관화시키는 과학적 프로그램입니다.

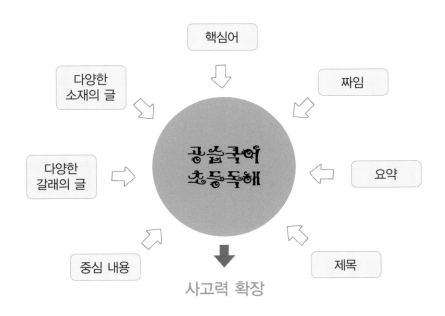

"『공습국어 초등독해』활용 방법 보기"

하나 처음 일주일 정도는 아이와 함께 하세요.

공습국어 초등독해의 독해 전략을 아이가 이해할 수 있도록 일주일 정도는 아이와 함께 문제를 풀어 보세요. 각각의 전략 단계를 어떻게 풀면 되는지 설명해 주고, 채점을 통해 다시 한번 짚어 줍니다.

둘 매일 1회분씩 꾸준히 하도록 유도하되 강요하지 마세요.

아이에게 공부하라고 말하기 전에, 먼저 공부할 수 있는 환경과 조건을 만들어 주세요. 그리고 아이가 스스로 공부할 때까지 지켜봐 주세요. 또한 하루에 1회분 이상 진도를 나가지 않도록 지도해 주세요. 하루에 2회분 이상의 문제를 푸는 것은 꾸준한 공부 습관 형성에 방해가 될 수 있습니다.

셋 아이의 수준에 맞게 단계별로 선택하세요.

독해 능력은 시간에 여유를 두고 차근차근 키워 가는 것입니다. 선행 학습을 시킬 마음에 무리해서 높은 단계를 풀게 하면, 아이가 글을 읽는 재미를 잃어버릴 수 있습니다. 또한 도전 시간을 통과하고 점수를 잘 받도록 하기 위해, 아이의 실력에 비해 너무 낮은 단계를 풀게 하면 독해 능력이 향상되지 않습니다.

공습국어 초등독해는 단기적으로 국어 '성적'을 높이기 위한 교재가 아닙니다. 공습국어 초등독해의 목적은 국어 '능력'을 높이는 것으로, 이것은 장기간의 훈련과 노력을 필요로 합니다. 아이의 독해 실력에 맞는 단계를 선택할 때 최고의 효과를 얻을 수 있습니다.

단계	구성	글의 소재	글의 갈래
1·2학년	30회		
3·4학년	30회	사회, 역사, 시사, 인물, 언어, 문화, 과학, 예술, 종교, 정치, 경제, 건강, 상식 등	설명하는 글, 주장하는 글, 인터뷰 형식의 글, 기사글, 대화글 등
5·6학년	30회		

넷 걸린 시간과 정답 개수를 꼭 적도록 하세요.

공습국어 초등독해는 문제마다 걸린 시간과 정답 개수를 적도록 하고 있습니다. 아이들이 문제를 푼 다음, 걸린 시간을 적을 수 있도록 미리 시계를 준비해 주세요. 제시문의 길이와 난이도, 문제의 개수에 따라 도전 시간에 차이를 두었습니다.

욕심이 앞서서 글 읽기와 문제 풀이의 속도만 높이려 한다면 올바른 독해 습관을 익히는 데 해가 됩니다. 얼마나 빨리, 많이 푸느냐가 중요한 것이 아닙니다. 정독 능력과 사고력을 동시에 키우려면 문제 하나하나를 이해하고 파악해야 합니다. 도전 시간을 주고 걸린 시간과 정답 개수를 적게 하는 것은 집중력을 높이고 실력 향상의 재미를 느끼게 하기 위한 장치임을 꼭 기억하세요.

다섯 우리 아이, 이럴 땐 이렇게 하세요.

• 도전 시간 안에, 틀린 답 없이 문제를 풉니다.

  뛰어난 독해 능력을 지녔습니다. 꾸준하게 훈련하면 글의 핵심을 파악하는 능력과 동시에 언어사고력 또한 발달할 것입니다.

• (도전 시간을 기준으로) 걸린 시간은 매우 짧은데, 정답률이 낮습니다.

  문제풀이전략을 이해하지 못한 상태에서 건성으로 문제를 푼 것입니다. 문제의 틀을 이해시키고, 한 문제 한 문제 같이 풀어 보는 과정이 필요합니다.

• (도전 시간을 기준으로) 걸린 시간은 길지만, 정답률은 높습니다.

  전략에 따른 문제 해결이 아직 익숙하지 않거나, 집중력이 오래 가지 못하는 것입니다. 그럼에도 문제를 꼼꼼하게 풀어낸 아이의 끈기를 칭찬해 주시고, 하루하루 지켜봐 주세요. 그리고 주변 환경을 정리하고 부모가 직접 시간을 재서 아이의 집중력이 흐트러지지 않게끔 도와줍니다.

• (도전 시간을 기준으로) 걸린 시간은 긴데, 정답률이 낮습니다.

  문제풀이전략을 이해하지 못한 상태이며, 집중력 또한 떨어지는 것입니다. 옆에서 좀 더 지켜보며 문제 풀이를 설명해 주세요. 그리고 같이 소리 내어 제시문을 읽어 보거나 색깔 연필로 표시하며 문제를 푸는 등의 활동을 통해 문제 풀이에 대한 집중력과 재미를 길러 줍니다.

"『공습국어 초등독해』 구성 한눈에 보기"

공습국어 초등독해는 공부를 시작하기 위한 준비운동인 「머리 풀어주는 퍼즐」과 본격적인 문제해결전략을 연습하는 「빠르고 정확하게 읽기」(❶핵심어 찾기, ❷글의 짜임 그리기, ❸요약하기, ❹제목달기), 그리고 공부 의욕을 높여 주는 「생각 다지는 글」로 구성되어 있습니다.

준비운동 - 머리 풀어 주는 퍼즐
다양한 퍼즐을 통해 두뇌를 공부 모드로 전환하고 아울러 창의사고력을 키웁니다.

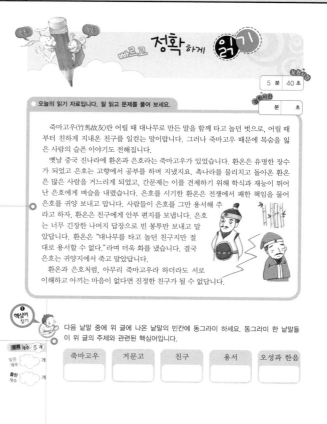

제시문
다양한 소재를 다양한 갈래의 글로 표현하였습니다.

❶ 핵심어 찾기
핵심어를 찾으며 자연스럽게 글을 다시 한 번 읽고, 중요 내용을 눈에 담아 두도록 하는 문제입니다.

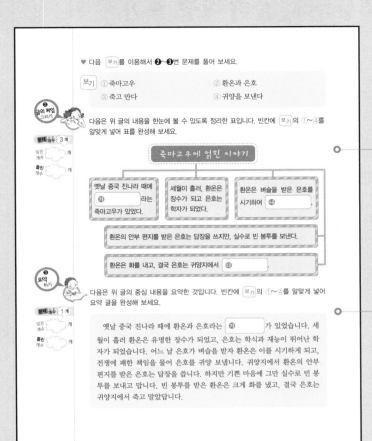

♥ 다음 보기를 이용해서 ❷~❸번 문제를 풀어 보세요.

보기
① 죽마고우
② 환온과 은호
③ 죽고 만다
④ 귀양을 보낸다

❷ 글의 짜임 그리기

문제 개수 3개

맞은 개수 ___ 개
틀린 개수 ___ 개

다음은 위 글의 내용을 한눈에 볼 수 있도록 정리한 표입니다. 빈칸에 보기의 ①~④를 알맞게 넣어 표를 완성해 보세요.

죽마고우에 얽힌 이야기

옛날 중국 진나라 때에 ㉮_____라는 죽마고우가 있었다.

세월이 흘러, 환온은 장수가 되고 은호는 학자가 되었다.

환온은 벼슬을 받은 은호를 시기하여 ㉯_____.

환온의 안부 편지를 받은 은호는 답장을 쓰지만, 실수로 빈 봉투를 보낸다.

환온은 화를 내고, 결국 은호는 귀양지에서 ㉰_____.

❸ 요약하기

문제 개수 1개

맞은 개수 ___ 개
틀린 개수 ___ 개

다음은 위 글의 중심 내용을 요약한 것입니다. 빈칸에 보기의 ①~④를 알맞게 넣어 요약 글을 완성해 보세요.

옛날 중국 진나라 때에 환온과 은호라는 ㉮_____가 있었습니다. 세월이 흘러 환온은 유명한 장수가 되었고, 은호는 학식과 재능이 뛰어난 학자가 되었습니다. 어느 날 은호가 벼슬을 받자 환온은 이를 시기하게 되고, 전쟁에 패한 책임을 물어 은호를 귀양 보냅니다. 귀양지에서 환온의 안부 편지를 받은 은호는 답장을 씁니다. 하지만 기쁜 마음에 그만 실수로 빈 봉투를 보내고 맙니다. 빈 봉투를 받은 환온은 크게 화를 냈고, 결국 은호는 귀양지에서 죽고 말았답니다.

---

❷ 글의 짜임 그리기
복잡한 글도 간단한 도식(표나 그림)으로 정리하여, 글의 내용과 짜임을 한눈에 파악할 수 있도록 하는 문제입니다.

❸ 요약하기
❷의 결과를 문장으로 정리하는 문제입니다. 요약 글을 쓰는 방법을 알게 되고, 조각말들을 자연스럽게 연결하여 문장을 완성하는 훈련을 할 수 있습니다.

❹ 제목 달기
글에 가장 알맞은 제목을 찾는 문제입니다. 글과 제목 후보와의 관계에 대해 '왜 답일까?', 또는 '왜 답이 아닐까?'를 고민하며 사고력을 키울 수 있습니다. 또한 어떤 글이나 상황을 보고 그것을 한 번에 나타낼 수 있는 표현, 즉 핵심을 찾는 감을 키울 수 있습니다.

마무리 – 생각 다지는 글
공부에 도움이 되는 이야기, 좋은 생활 습관을 다지는 이야기 등 부모가 아이에게 해 주고 싶은 이야기를 다양하게 싣고 있습니다.

❹ 제목 달기

문제 개수 4개

맞은 개수 ___ 개
틀린 개수 ___ 개

다음은 위 글의 제목 후보입니다. 먼저, 위 글의 제목으로 가장 알맞은 것을 골라 빈칸에 ○를 하세요. 그런 다음, 주어진 조건에 맞게 ×, △, □를 표시하세요. (단, ○는 딱 한 개만 고르세요.)

| ○ 가장 알맞아요 | × 전혀 관계가 없어요 | △ 글으로 범위가 좁아요 | □ 글보다 범위가 넓어요 |

죽마고우에 얽힌 이야기 ___
진정한 친구 ___
친구가 좋은 이유 ___
은호의 죽음 ___

총 문제 개수 13개   총 맞은 개수 ___ 개   총 틀린 개수 ___ 개

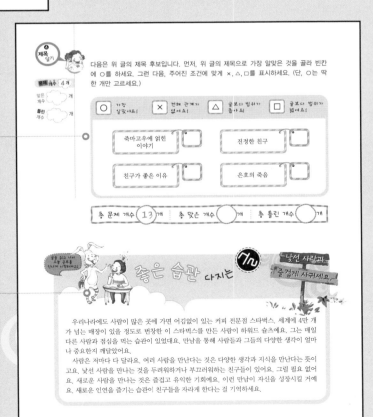

좋은 습관 다지는   낯선 사람과 즐겁게 사귀세요

우리나라에도 사람이 많은 곳에 가면 어김없이 있는 커피 전문점 스타벅스. 세계에 4만 개가 넘는 매장이 있을 정도로 번창한 이 스타벅스를 만든 사람이 하워드 슐츠예요. 그는 매일 다른 사람과 점심을 먹는 습관이 있었대요. 만남을 통해 사람들과 그들의 다양한 생각이 얼마나 중요한지 깨달았어요.

사람은 저마다 다 달라요. 여러 사람을 만난다는 것은 다양한 생각과 지식을 만난다는 뜻이고요. 낯선 사람을 만나는 것을 두려워하거나 부끄러워하는 친구들이 있어요. 그럴 필요 없어요. 새로운 사람을 만나는 것은 즐겁고 유익한 기회예요. 이런 만남이 자신을 성장시킬 거예요. 새로운 인연을 즐기는 습관이 친구들을 자라게 한다는 걸 기억하세요.

● 오늘의 읽기 자료입니다. 잘 읽고 아래 문제들을 풀어 보세요.

앞으로 50년 후엔 남태평양의 섬나라 투발루를 볼 수 없을지도 모릅니다. 지구 온난화로 해수면이 상승하여 매년 0.5~0.6mm씩 바닷물에 잠기기 때문입니다. 또한 그 때문에 지하수가 소금기를 띠자 코코넛 나무와 농작물이 죽어가고, 사람들이 먹을 식수조차 구할 수 없게 되었습니다.

해수면 상승만큼 열대 폭풍도 투발루 주민들을 두려움에 떨게 합니다. 과거에는 열대 폭풍이 일 년에 한두 번 발생했습니다. 하지만, 지금은 매달 발생하고 그 세기도 점점 강해지고 있습니다. 매년 2월이면 투발루는 연중 해수면이 가장 높은 '킹 타이드'로 큰 물난리를 겪는데, 주민들은 '킹 타이드'와 열대 폭풍이 한꺼번에 닥칠까 봐 공포에 떨고 있다고 합니다.

투발루 정부에서는 다른 나라로 집단 이민할 계획을 하지만, 이를 받아들이는 나라가 없는 상태입니다. 따라서 국제적인 노력이 없다면 투발루 주민들은 환경 난민이 될 처지입니다. 지구 온난화의 주범인 산업 시설과는 거리가 먼 남태평양의 작은 섬이 지구 온난화의 희생양이 되었습니다.

1-2. 핵심어 찾기 : 다음 낱말들이 위 글에서 몇 번씩 나왔는지 세어 보세요. 많이 나온 낱말이 위 글에서 가장 중요한 핵심어입니다.

해수면	지구 온난화	열대 폭풍	환경 난민	킹 타이드	남태평양
3	3	3	1	2	2

1-1. 핵심어 찾기 : 다음 낱말들 중에 위 글에 나온 낱말의 빈칸에 동그라미 하세요. 동그라미 한 낱말들이 위 글의 주제와 관련된 핵심어입니다.

해수면 상승	아프리카	지구 온난화	오존층	폭설	투발루	환경 난민
○	×	○	×	×	○	○

표 안의 낱말들이 지문에 나왔는지 확인합니다. 종류가 비슷하거나 글을 제대로 읽지 않으면 헷갈릴 만한 보기들이 있기 때문에 제시문을 잘 확인해야 합니다. 제시문의 해당 낱말에 표시를 하면서 답을 달도록 합니다.

표 안의 낱말들이 지문에 몇 번 등장했는지 세어 봅니다. 제시문의 해당 낱말에 표시를 하면서 숫자를 세도록 합니다.

♥ 다음 보기 를 이용해서 2~3번 문제를 풀어 보세요.

보기 ① 해수면 상승　　　② 환경 난민　　　③ 지구 온난화
　　 ④ 지하수의 소금기　⑤ 국제적인 노력　⑥ 열대 폭풍

2. 글의 짜임 그리기 : 다음은 위 글의 내용을 한눈에 볼 수 있도록 정리한 표입니다. 빈칸
　 에 보기 의 ①~⑥을 알맞게 넣어 표를 완성해 보세요.

지구 온난화의 희생양, 투발루

㉮ ①	㉯ ④	㉰ ⑥
매년 조금씩 바닷물에 잠기고 있다.	식수 공급이 어렵다. 농사를 지을 수 없다.	한 달에 한 번씩 발생한다.

국제적인 노력이 없다면, 투발루 주민들은 ㉱ ② 이 될 것이다.

화살표 방향과 상자 안의 글이 무엇을 의미하는지를 잘 읽어보고 문제를 풀어야 합니다.

화살표 아래 글을 보고 지구 온난화로 인해 발생하는 현상을 〈보기〉에서 찾아야 합니다. 그러면 ㉮는 해수면 상승(①), ㉯는 지하수의 소금기(④), ㉰는 열대 폭풍(⑥)이 됩니다.

3. 요약하기 : 다음은 위 글의 중심 내용을 요약한 것입니다. 빈칸에 보기 의 ①~⑥을
　 알맞게 넣어 요약 글을 완성해 보세요.

　　남태평양의 섬나라 투발루가 ㉮ ③ 의 희생양이 되었습니다. 극지방의 얼음이 녹으면서 해수면이 상승하자 섬나라 투발루가 조금씩 바닷물에 잠기고 있습니다. 지하수는 소금기를 띠어 식수를 구하기 어렵고 농사를 지을 수가 없습니다. 게다가 한 달에 한 번씩 발생하는 열대 폭풍으로 투발루 주민들은 두려움에 떨고 있습니다. ㉯ ⑤ 이 없다면, 머지않아 투발루 주민들은 환경 난민이 될 처지입니다.

글의 내용과 가장 잘 어울리는 낱말이나 문장을 〈보기〉에서 찾습니다. 〈보기〉에서 가장 적절한 것은 환경 난민(②)입니다.

2번의 짜임을 문장으로 연결한 것으로, 제시문의 주요 내용을 뽑아 간추리는 작업입니다.

4. 제목달기 : 다음은 위 글의 제목 후보입니다. 먼저, 위 글의 제목으로 가장 알맞은 것을 골라 빈칸에 ○를 하세요. 그런 다음, 주어진 조건에 맞게 ×, △, □를 표시하세요. (단, ○는 딱 한 개만 고르세요.)

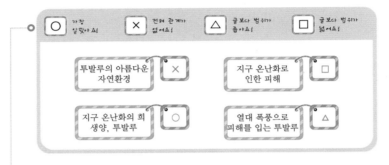

| ○ 가장 알맞아요! | × 전혀 관계가 없어요! | △ 글보다 범위가 좁아요! | □ 글보다 범위가 넓어요! |

투발루의 아름다운 자연환경 — ×

지구 온난화로 인한 피해 — □

지구 온난화의 희생양, 투발루 — ○

열대 폭풍으로 피해를 입는 투발루 — △

먼저 글의 내용을 가장 적절하게 대표하는 제목 후보를 골라 ○표를 합니다. 그런 다음 ×, △, □ 표시를 합니다. ○를 제외한 나머지 부호들은 들어가지 않거나 몇 번 반복해서 들어가는 경우가 있으니 지도에 유의해 주세요. 글에 나온 내용과 전혀 관계가 없는 후보일 경우에는 ×표를 합니다. 글에 나온 내용이긴 하지만 글의 일부 내용만을 담고 있어서 글 전체를 포함하지 못하는 후보일 경우에는 △표를 합니다. 글에서 제시한 소재나 내용보다 범위가 넓은 후보일 경우에는 □표를 합니다.

❶ **투발루의 아름다운 자연환경** : 제시문은 지구 온난화로 인해 바닷물에 잠겨 가는 투발루에 관한 글입니다. 따라서 이 글의 내용과는 상관이 없습니다.

❷ **지구 온난화로 인한 피해** : 투발루의 예는 지구 온난화로 인한 피해 중에 하나이므로, 이 글의 제목으로는 범위가 너무 넓습니다.

❸ **지구 온난화의 희생양, 투발루** : 제시문은 지구 온난화로 큰 피해를 입어 머잖아 사라지게 될 투발루에 대한 내용입니다. 그러므로 이 글의 제목으로 알맞습니다.

❹ **열대 폭풍으로 피해를 입는 투발루** : 제시문에는 지구 온난화로 인해 투발루가 겪고 있는 피해의 예로 열대 폭풍 외에도 다른 사례들이 나옵니다. 따라서 이 글의 제목으로는 범위가 좁습니다.

차례

Contents

공습을 시작하며... •••• 매일 매일 즐거운 마음으로 공습국어 초등독해 1회부터 30회 까지 꾸준히 풀어 보세요. 자, 준비됐나요? 그럼 신나게 시작해 보세요!

도전 시간
00 분 20 초

걸린 시간
분 초

창의사고력 기초 다지기 주의집중력 쓱~

모양이 같은 도형들을 이어 보면 한 글자가 나타납니다. 어떤 글자일까요?

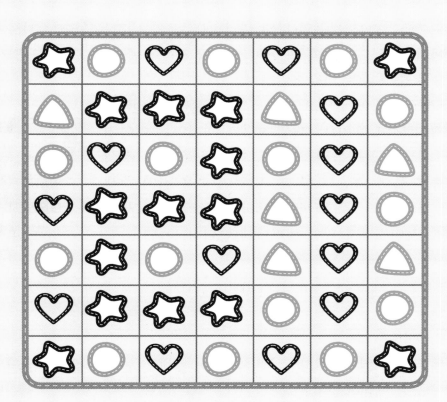

빠르고 **정확**하게 읽기

● 오늘의 읽기 자료입니다. 잘 읽고 문제를 풀어 보세요.

친구란 가깝게 오래 사귄 사람을 뜻합니다. 생활하는 공간에 따라 학교 친구 · 학원 친구 · 동네 친구, 성별에 따라 이성 친구 · 동성 친구 등으로 나누기도 합니다. 그리고 마음이 잘 통해 늘 함께 어울리는 특별한 친구는 단짝이라고 합니다.

많은 친구 중에 단짝은 어려움을 겪거나 힘든 일을 당할 때에도 곁에 있어 주기 때문에 더 소중한 친구입니다. 단짝은 내가 병이 나서 결석을 하면 집에 찾아와 숙제를 일러 주기도 하고, 다른 친구와 다퉈 화날 때 무조건 내편을 들어 주기도 합니다. 그리고 엄마에게 혼나 고민할 때 내 이야기에 귀 기울여 줍니다. 단짝은 내 기쁨은 배로 슬픔은 반으로 줄여 주는 마술사랍니다.

혹시 '내게도 단짝이 있었으면' 하고 생각한다면, 먼저 누군가의 단짝이 되어 주세요. 가끔 친구가 재미없는 이야기를 하거나, 지루한 놀이를 할 때에도 함께해 주세요. 선생님에게 꾸중을 들어 속상해 할 때, 말없이 손을 잡아 주세요. 친구가 힘들고 괴로워할 때 내가 먼저 그 곁을 지켜 준다면, 내게도 자연스레 단짝이 생겨날 거랍니다.

❶ **핵심어 찾기**

다음 문장의 빈칸에 알맞은 낱말을 적어 보세요. 빈칸에 들어갈 낱말이 위 글에서 가장 중요한 핵심어입니다.

문제 개수 1 개

맞은 개수 ⬤ 개

틀린 개수 ⬤ 개

㉮ [　　　] 이란 마음이 잘 통해 늘 함께 어울리는 특별한 친구를 말한답니다.

♥ 다음 보기를 이용해서 ❷~❸번 문제를 풀어 보세요.

보기 ① 특별한 친구   ② 단짝
      ③ 마음   ④ 어려움

❷ 글의 짜임 그리기

문제 개수 3 개

맞은 개수 　개
틀린 개수 　개

다음은 위 글의 내용을 한눈에 볼 수 있도록 정리한 표입니다. 빈칸에 보기의 ①~④를 알맞게 넣어 표를 완성해 보세요.

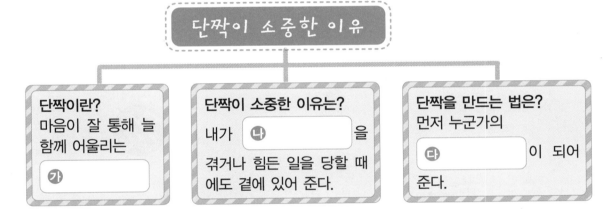

단짝이 소중한 이유

단짝이란?	단짝이 소중한 이유는?	단짝을 만드는 법은?
마음이 잘 통해 늘 함께 어울리는 **가**	내가 **나** 을 겪거나 힘든 일을 당할 때에도 곁에 있어 준다.	먼저 누군가의 **다** 이 되어 준다.

❸ 요약하기

문제 개수 1 개

맞은 개수 　개
틀린 개수 　개

다음은 위 글의 중심 내용을 요약한 것입니다. 빈칸에 보기의 ①~④를 알맞게 넣어 요약 글을 완성해 보세요.

단짝이란 **가** 이 잘 통해 늘 함께 어울리는 특별한 친구입니다. 단짝은 어려움을 겪거나 힘들어할 때 늘 함께 있어 주기 때문에 소중합니다. 소중한 친구인 단짝을 만드는 방법은 간단합니다. 먼저 누군가의 단짝이 되어 주세요. 그러면 금세 단짝이 생겨날 거랍니다.

④ 제목 달기

다음은 위 글에 가장 어울리는 제목을 찾는 과정입니다. 서로 관계 있는 것끼리 줄로 이으세요.

문제 개수 **3** 개

맞은 개수 ◌ 개

틀린 개수 ◌ 개

친구의 종류 ★　　　　　★ 이 글의 제목으로 딱 좋아!

단짝이 소중한 이유 ★　　　★ 범위가 너무 좁아!

친구와 화해하는 방법 ★　　★ 이 글과 상관없는 제목이야!

총 문제 개수	8	개	총 맞은 개수	◌	개	총 틀린 개수	◌	개

마음에 힘이 되는 **순**

우리도 밖에서 같이 놀고 싶어요.

글을 읽고 나서 오늘 공부를 신나게 시작하자고!

　요즘 아이들은 놀 줄 모른다고 해요. 자기밖에 몰라서 같이 노는 법을 모른다느니, 애들이 애답지 않다느니 그래요. 하지만 우리도 밖에서 친구들하고 놀고 싶어요. 여름에는 산으로 들로 다니며 풀싸움도 하고 겨울에는 썰매도 타고, 얼음판에서 팽이도 치고, 연도 날리고 싶다고요. 그것 말고도 많지요. 공차기, 사방치기, 망까기, 자치기, 말타기, 딱지치기……

　우리라고 놀고 싶지 않은 게 아니에요. 하지만 어디 우리를 놀게 내버려 두나요? 어쩌다 선심 쓰듯 나가 놀라고 하시지만 고작 30분에서 1시간이에요. 겨우 놀만하면 그만 놀라고 하시잖아요.

　어른들이 많이 하는 말 있지요? 놀아 본 놈이 잘 논다. 그래요, 우린 놀아 보지를 못했어요. 그래서 놀 줄 몰라요. 놀이 규칙을 배우기는 했지만 직접 해 본 적이 없어요. 큰맘 먹고 놀려고 해도 여럿이 함께 놀아 본 적이 없으니 다투게 되고, 토라지고, 그러고 말죠. 우리도 맘껏 신나게 놀고 싶어요.

02회

머리 풀어주는 퍼즐

도전 시간	걸린 시간
00 분 20 초	분 초

창의사고력 기초 다지기 연상추리력 쑥~

다음 퍼즐 조각이 들어갈 곳은 어디인지 찾아 보세요.

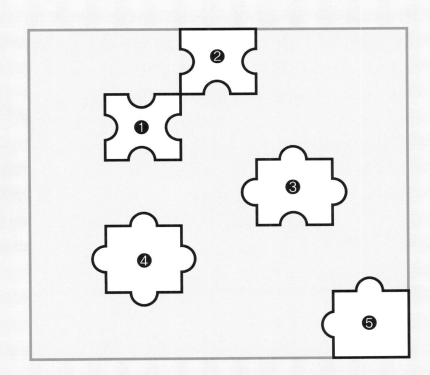

 번

 빠르고 **정확**하게 **읽기**

| 5 분 | 00 초 |

걸린시간

| 분 | 초 |

● 오늘의 읽기 자료입니다. 잘 읽고 문제를 풀어 보세요.

김민지 : 안녕하세요, 박사님? 내일은 4학년이 되어 반 친구들을 처음 만나는 날입니다. 저는 친구들을 사귀는 데 시간이 너무 오래 걸립니다. 친구를 빨리 사귈 수 있는 방법을 알려 주세요.

공 박사 : 민지 양! 친구를 사귀는 데 시간이 걸려서 고민이군요. 그렇다면 친구를 빨리 사귀는 비법을 알려 줄게요. 우선, 사귀고 싶은 친구를 찾아 보세요. 그러고는 그 친구에게 먼저 말을 걸어 보세요. 쉬는 시간에 "화장실 같이 갈래?" 또는 "같이 놀래?" 하면서요. 불쑥 말 걸기가 쑥스러우면, 스티커를 선물로 주거나, 사탕을 건네면서 먹어 보라고 하는 것도 좋은 방법이랍니다. 또는 하굣길에 길동무*가 되어 보세요. 그러고는 헤어질 무렵 "너와 친하게 지내고 싶어."라고 솔직하게 말하는 거예요. 이렇게 적극적으로 행동한다면 새 학년 첫날부터 친구를 사귈 수 있을 거예요.

길동무 : 길을 함께 가는 친구

① 핵심어 찾기

다음 낱말들이 위 글에서 몇 번씩 나왔는지 세어 보세요. 많이 나온 낱말이 위 글에서 가장 중요한 핵심어입니다.

문제 개수 3 개

맞은 개수 ___ 개

틀린 개수 ___ 개

| 친구 | 고민 | 시간 |
| | | |

♥ 다음 보기 를 이용해서 ❷~❸번 문제를 풀어 보세요.

보기 ① 말 걸어 보기   ② 솔직하게
      ③ 길동무   ④ 쉬는 시간

❷
글의 짜임
그리기

다음은 위 글의 내용을 한눈에 볼 수 있도록 정리한 표입니다. 빈칸에 보기 의 ①~④를 알맞게 넣어 표를 완성해 보세요.

문제 개수 2 개

맞은
개수   개

틀린
개수   개

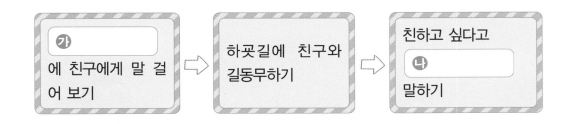

반에서 사귀고 싶은 친구 찾아 보기

㉮		하굣길에 친구와 길동무하기		친하고 싶다고 ㉯ 말하기
에 친구에게 말 걸어 보기	⇨		⇨	

❸
요약
하기

다음은 위 글의 중심 내용을 요약한 것입니다. 빈칸에 보기 의 ①~④를 알맞게 넣어 요약 글을 완성해 보세요.

문제 개수 1 개

맞은
개수   개

틀린
개수   개

  새 학년이 되면 새로운 반 친구들을 만나게 됩니다. 처음 만난 친구들과 빨리 친구가 되는 방법을 소개합니다. 우선 사귀고 싶은 친구를 찾아 봅니다. 그리고 쉬는 시간이 되면 그 친구에게 "같이 화장실 갈래?" 하면서 말을 걸어 봅니다. 하굣길에는 ㉮   도 해 봅니다. 그러고는 헤어질 무렵 "너와 친하게 지내고 싶어."라고 솔직하게 말합니다. 적극적인 행동은 친구를 빨리 사귀는 지름길이랍니다.

④ 제목 달기

다음은 위 글에 가장 어울리는 제목을 지어 보는 과정입니다. 보기 에 주어진 단어를 이용해서 제목을 달아 보세요.

보기 ㅣ 빨리 　 친구 　 사귀는 　 방법

총 문제 개수 ⑦ 개 ┆ 총 맞은 개수 ◯ 개 ┆ 총 틀린 개수 ◯ 개

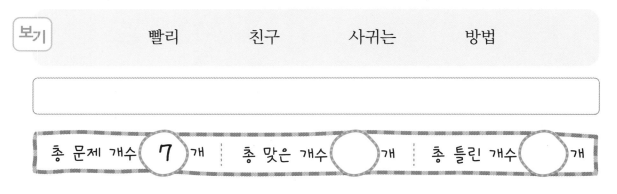

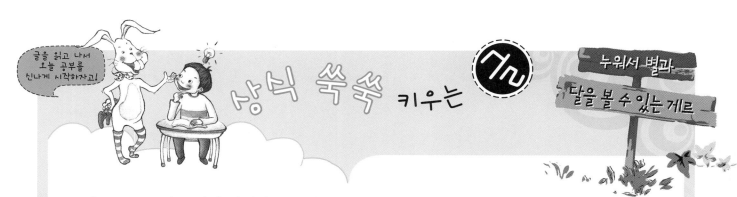

상식 쑥쑥 키우는 7교시

누워서 별과 달을 볼 수 있는 게르

글을 읽고 나서 오늘 공부를 신나게 시작하자고!

　게르는 몽골 유목민이 거처하는 천막 같은 집을 말합니다. 나무를 세운 뒤 가죽이나 펠트, 밝은 색의 천으로 지붕을 덮고, 안쪽의 나무와 바깥쪽의 천 사이에 짐승의 털이나 울 같은 보온 소재를 대서 바람과 추위를 막습니다. 게르는 가축을 방목할 수 있는 목초지 어느 곳에나 설치할 수 있으며 이사할 때는 말이나 작은 마차로 운반합니다. 놀라운 것은 짓고 허무는 데 30분 정도면 가능하다는 것입니다.

　게르 안에는 지붕을 지탱하는 두 개의 기둥이 있고 그 사이에 식생활과 난방을 동시에 해결하는 난로가 있으며, 난로 양옆에는 침대와 부엌가구가 있습니다. 천장 중앙은 원형으로 뚫려 있어 게르 안에 누워 별과 달을 볼 수 있습니다. 보통 7~8평 규모고 커도 10평을 넘지 않는데, 한때 그들의 황제가 기거했던 게르는 수백 마리의 표범 가죽으로 덮을 만큼 컸다고 합니다.

03회

머리 풀어주는 퍼즐

도전 시간	걸린 시간
00 분 20 초	분 초

창의사고력 기초 다지기 판단능력 쓱~

보기의 그림과 같이 되려면 어느 곳을 칠해야 하는지 찾아 보세요.

보기

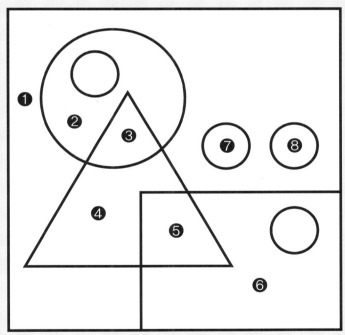

번

빠르고 **정확**하게 **읽기**

속독 / 정독

도전시간

| 5 | 분 | 40 | 초 |

걸린시간

| | 분 | | 초 |

○ 오늘의 읽기 자료입니다. 잘 읽고 문제를 풀어 보세요.

　　죽마고우(竹馬故友)란 어릴 때 대나무로 만든 말을 함께 타고 놀던 벗으로, 어릴 때부터 친하게 지내온 친구를 일컫는 말이랍니다. 그러나 죽마고우 때문에 목숨을 잃은 사람의 슬픈 이야기도 전해집니다.

　　옛날 중국 진나라에 환온과 은호라는 죽마고우가 있었습니다. 환온은 유명한 장수가 되었고 은호는 고향에서 공부를 하며 지냈지요. 촉나라를 물리치고 돌아온 환온은 많은 사람을 거느리게 되었고, 간문제는 이를 견제하기 위해 학식과 재능이 뛰어난 은호에게 벼슬을 내렸습니다. 은호를 시기한 환온은 전쟁에서 패한 책임을 물어 은호를 귀양 보내고 맙니다. 사람들이 은호를 그만 용서해 주라고 하자, 환온은 친구에게 안부 편지를 보냅니다. 은호는 너무 긴장한 나머지 답장으로 빈 봉투만 보내고 말았답니다. 환온은 "대나무를 타고 놀던 친구지만 절대로 용서할 수 없다."라며 더욱 화를 냈습니다. 결국 은호는 귀양지에서 죽고 말았답니다.

　　환온과 은호처럼, 아무리 죽마고우라 하더라도 서로 이해하고 아끼는 마음이 없다면 진정한 친구가 될 수 없답니다.

①
핵심어
찾기

다음 낱말 중에 위 글에 나온 낱말의 빈칸에 동그라미 하세요. 동그라미 한 낱말들이 위 글의 주제와 관련된 핵심어입니다.

문제 개수 5 개

맞은
개수 　　개

틀린
개수 　　개

죽마고우	거문고	친구	용서	오성과 한음

♥ 다음 보기 를 이용해서 ❷~❸번 문제를 풀어 보세요.

① 죽마고우　　　　　　② 환온과 은호

③ 죽고 만다　　　　　　④ 귀양을 보낸다

❷ 글의 짜임 그리기

다음은 위 글의 내용을 한눈에 볼 수 있도록 정리한 표입니다. 빈칸에 보기 의 ①~④를 알맞게 넣어 표를 완성해 보세요.

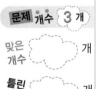

문제 개수 3 개

맞은 개수 ⬜ 개

틀린 개수 ⬜ 개

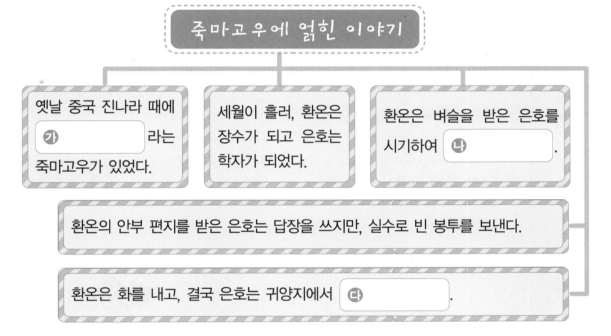

죽마고우에 얽힌 이야기

옛날 중국 진나라 때에 **㉮** ⬜ 라는 죽마고우가 있었다.

세월이 흘러, 환온은 장수가 되고 은호는 학자가 되었다.

환온은 벼슬을 받은 은호를 시기하여 **㉯** ⬜.

환온의 안부 편지를 받은 은호는 답장을 쓰지만, 실수로 빈 봉투를 보낸다.

환온은 화를 내고, 결국 은호는 귀양지에서 **㉰** ⬜.

❸ 요약 하기

다음은 위 글의 중심 내용을 요약한 것입니다. 빈칸에 보기 의 ①~④를 알맞게 넣어 요약 글을 완성해 보세요.

문제 개수 1 개

맞은 개수 ⬜ 개

틀린 개수 ⬜ 개

　옛날 중국 진나라 때에 환온과 은호라는 **㉮** ⬜ 가 있었습니다. 세월이 흘러 환온은 유명한 장수가 되었고, 은호는 학식과 재능이 뛰어난 학자가 되었습니다. 어느 날 은호가 벼슬을 받자 환온은 이를 시기하게 되고, 전쟁에 패한 책임을 물어 은호를 귀양 보냅니다. 귀양지에서 환온의 안부 편지를 받은 은호는 답장을 씁니다. 하지만 기쁜 마음에 그만 실수로 빈 봉투를 보내고 맙니다. 빈 봉투를 받은 환온은 크게 화를 냈고, 결국 은호는 귀양지에서 죽고 말았답니다.

다음은 위 글의 제목 후보입니다. 먼저, 위 글의 제목으로 가장 알맞은 것을 골라 빈칸에 ○를 하세요. 그런 다음, 주어진 조건에 맞게 ×, △, □를 표시하세요. (단, ○는 딱 한 개만 고르세요.)

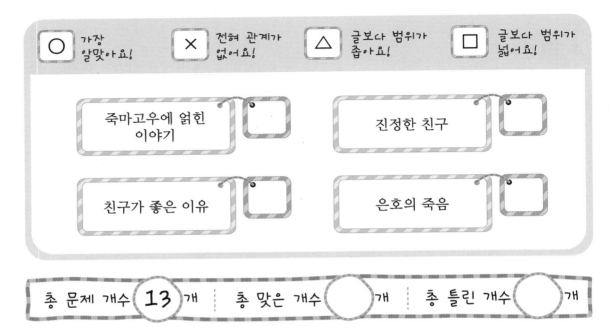

○ 가장 알맞아요!   × 전혀 관계가 없어요!   △ 글보다 범위가 좁아요!   □ 글보다 범위가 넓어요!

죽마고우에 얽힌 이야기

진정한 친구

친구가 좋은 이유

은호의 죽음

총 문제 개수 ⑬ 개   총 맞은 개수 ◯ 개   총 틀린 개수 ◯ 개

글을 읽고 나서 오늘 공부를 신나게 시작하자고!

좋은 습관 다지는

낯선 사람과 즐겁게 사귀세요.

우리나라에도 사람이 많은 곳에 가면 어김없이 있는 커피 전문점 스타벅스. 세계에 4만 개가 넘는 매장이 있을 정도로 번창한 이 스타벅스를 만든 사람이 하워드 슐츠예요. 그는 매일 다른 사람과 점심을 먹는 습관이 있었대요. 만남을 통해 사람들과 그들의 다양한 생각이 얼마나 중요한지 깨달았어요.

사람은 저마다 다 달라요. 여러 사람을 만난다는 것은 다양한 생각과 지식을 만난다는 뜻이고요. 낯선 사람을 만나는 것을 두려워하거나 부끄러워하는 친구들이 있어요. 그럴 필요 없어요. 새로운 사람을 만나는 것은 즐겁고 유익한 기회예요. 이런 만남이 자신을 성장시킬 거예요. 새로운 인연을 즐기는 습관이 친구들을 자라게 한다는 걸 기억하세요.

04 회

머리 풀어주는 퍼즐

도전 시간	걸린 시간
00 분 15 초	분 초

창의사고력 기초 다지기   정보처리능력 쑥~

어떤 그림이 이어질지 골라 보세요.

번

번

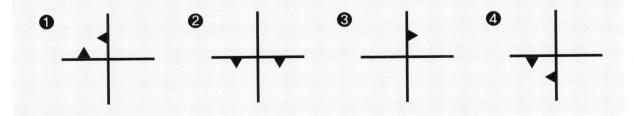

25

빠르고 정확하게 읽기

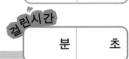

도전시간

| 5 분 | 50 초 |

걸린시간

| 분 | 초 |

● 오늘의 읽기 자료입니다. 잘 읽고 문제를 풀어 보세요.

'가족'이란 혈연·결혼·입양* 등으로 이루어진 집단으로, 기준에 따라 다음과 같이 나뉩니다. 우선, 가족을 이루는 세대*를 기준으로 나눌 수 있습니다. 부부만 사는 가족은 1세대 가족, 부부와 미혼 자녀가 사는 가족은 2세대 가족, 할머니·할아버지와 부부 그리고 미혼 자녀가 사는 가족은 3세대 가족입니다. 다음으로, 가족의 모습에 따라 나누기도 합니다. 할머니 할아버지와 부부 그리고 자녀가 사는 가족은 대가족, 부부와 자녀만 사는 가족은 핵가족입니다.

그런데 가족의 모습은 시대에 따라 변합니다. 과거에는 가족들이 모여서 농사를 짓고 살았기 때문에 대부분 대가족이었습니다. 하지만, 도시에서 직장 생활을 하는 오늘날은 핵가족이 더 많습니다. 그리고 사회가 점점 복잡해지면서 가족의 모습은 더욱 다양해졌습니다. 한쪽 부모와 자녀가 함께 사는 한부모 가족, 가족 중 한 사람이 외국인인 다문화 가족, 결혼하지 않고 혼자 사는 독신 가족 등이 그 보기입니다. 시대에 따라 가족의 모습이 바뀌었듯, 미래에는 더욱 다양한 가족이 등장할 것으로 보입니다.

입양 : 부모가 없는 아이를 데려다가 자기 자신의 아이로 삼는 것
세대 : 같은 시대에 사는 비슷한 연령대의 사람

❶ 핵심어 찾기

문제 개수 1 개

맞은 개수 ◯ 개

틀린 개수 ◯ 개

다음 문장의 빈칸에 알맞은 낱말을 적어 보세요. 빈칸에 들어갈 낱말이 위 글에서 가장 중요한 핵심어입니다.

'혈연·결혼·입양 등으로 이루어진 집단'을 [ ]이라고 합니다.

26

♥ 다음 보기 를 이용해서 ❷~❸번 문제를 풀어 보세요.

보기
① 핵가족 　　　　② 대가족 　　　　③ 미혼 자녀
④ 다문화 가족 　　⑤ 복잡해지면서 　⑥ 2세대 가족

❷ 글의 짜임 그리기

문제 개수 4 개

맞은 개수 ⬜ 개

틀린 개수 ⬜ 개

다음은 위 글의 내용을 한눈에 볼 수 있도록 정리한 표입니다. 빈칸에 보기 의 ①~⑥을 알맞게 넣어 표를 완성해 보세요.

가족			
뜻	혈연·결혼·입양 등으로 이루어진 집단		
종류	세대에 따라	1세대 가족	부부
		㉮	부부+미혼 자녀
		3세대 가족	할머니·할아버지+부부+ ㉯
변화	모습에 따라	대가족	할머니·할아버지+부부+미혼 자녀
		㉰	부부+미혼 자녀
	과거	대가족이 대부분이다.	
	오늘날	핵가족이 대부분이지만, 한부모 가족, ㉱ , 독신 가족 등 점점 다양해지고 있다.	

❸ 요약 하기

문제 개수 2 개

맞은 개수 ⬜ 개

틀린 개수 ⬜ 개

다음은 위 글의 중심 내용을 요약한 것입니다. 빈칸에 보기 의 ①~⑥을 알맞게 넣어 요약 글을 완성해 보세요.

　　가족이란 혈연·결혼·입양 등으로 이루어진 집단을 말합니다. 가족의 종류에는 세대에 따라 1세대·2세대·3세대 가족으로, 모습에 따라 대가족·핵가족으로 나눌 수 있습니다. 과거에는 ㉮ 　　　　이 대부분이었지만, 오늘날엔 사회가 점점 더 ㉯ 　　　　핵가족이 대부분입니다.

④ 제목 달기

문제 개수 ③ 개

맞은 개수 ◯ 개

틀린 개수 ◯ 개

다음은 위 글의 제목 후보입니다. 먼저, 위 글의 제목으로 가장 알맞은 것을 골라 빈칸에 ○를 하세요. 그런 다음, 주어진 조건에 맞게 ×, △, □를 표시하세요. (단, ○는 딱 한 개만 고르세요.)

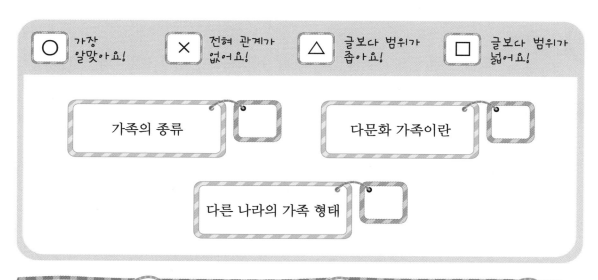

| ○ 가장 알맞아요! | × 전혀 관계가 없어요! | △ 글보다 범위가 좁아요! | □ 글보다 범위가 넓어요! |

가족의 종류 ☐

다문화 가족이란 ☐

다른 나라의 가족 형태 ☐

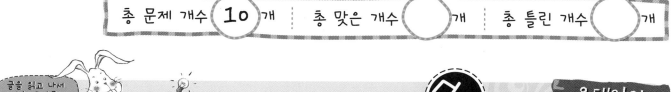

총 문제 개수 ⑩ 개 | 총 맞은 개수 ◯ 개 | 총 틀린 개수 ◯ 개

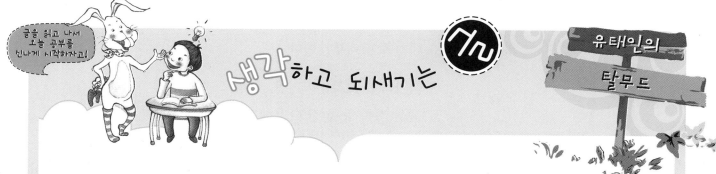

글을 읽고 나서 오늘 공부를 신나게 시작하자고!

생각하고 되새기는

유태인의 탈무드

탈무드는 히브리어로 연구, 배움이라는 뜻이에요. 이스라엘 율법 학자의 구전과 해설을 모아놓은 방대한 책인데, 유대인의 정신문화의 원천이라 할 수 있습니다. 탈무드에는 이스라엘 사람들의 지혜, 종교관, 국가관 및 사회 규범 등이 두루 망라되어 있어요.

재미있는 것은 1쪽이 아니라 2쪽부터 시작한다는 것입니다. 1쪽을 비워 두어 탈무드를 읽는 사람은 누구나 탈무드 연구자로 출발할 수 있다는 점을 나타내는 것이래요. 친구들도 탈무드에 나오는 재미 있고 뜻깊은 이야기를 한두 편쯤은 읽어 보았을 거예요. 하지만 1쪽을 비워 둔 탈무드의 열린 정신이 더욱 뜻깊다고 생각해요.

어려움에 부딪칠 때, 내 인생을 언제든지 새롭게 시작할 수 있도록 1쪽을 비워 두었는지 생각해 보세요.

머리 풀어주는 퍼즐

창의사고력 기초 다지기) 계산능력 쑥~

화살표를 따라가며 나오는 수를 모두 더하면 마지막 수는 무엇일까요?

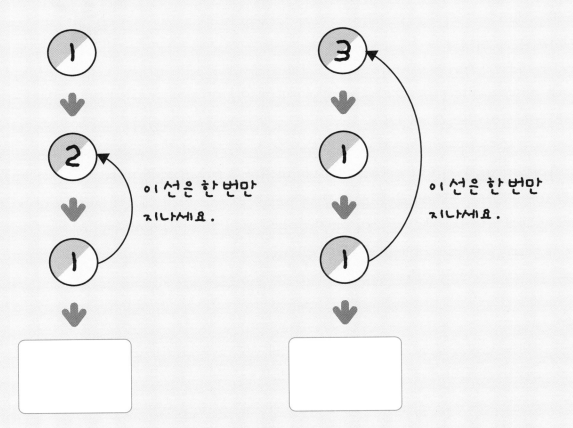

이 선은 한 번만 지나세요.

이 선은 한 번만 지나세요.

빠르고 **정확**하게  읽기

도전시간

| 5 분 | 20 초 |

걸린시간

| 분 | 초 |

● 오늘의 읽기 자료입니다. 잘 읽고 문제를 풀어 보세요.

　우리 가족은 식구가 많기로 유명하다. 큰엄마, 큰아빠, 중학생 미현이 누나, 나와 동갑내기인 현주, 동생 용현이와 미라 그리고 나, 이렇게 모두 일곱이나 된다. 하지만, 맨 처음부터 식구가 많았던 것은 아니다. 원래 큰엄마랑 큰아빠는 현주랑 셋이서 살았다. 4년 전 아빠의 사업이 실패하자, 큰엄마와 큰아빠는 우리 형제를 데리고 오셨다. 나중에는 미현이 누나랑 미라도 함께 살게 되었다.

　서로 다른 가족이 모였지만, 우리는 진짜 가족 같다. 내가 친구와 다투면 큰엄마는 늘 내 편을 들어 주신다. 큰아빠는 일요일마다 우리와 함께 축구 시합을 하신다. 내가 학급회장이 되었을 땐, 가족 모두가 축하 파티까지 해 주었다. 사람들은 우리 가족을 보고 수양 가족이라고 부른다. 친구들은 우리 가족이 친부모도, 친형제도, 친척도 아니니까 진짜 가족이 아니라고 한다. 하지만, 난 우리 가족이야 말로 진짜 가족이라고 생각한다. 기쁨과 슬픔을 함께 나누고 어려움도 함께 해결해 나가는 것이 가족이기 때문이다. 세 가족이 모여 한 가족이 된 우리 가족. 그래서 우린 세 배로 기쁘고, 세 배로 든든하고, 세 배로 행복하다.

❶ 핵심어 찾기

다음 낱말들 중에 위 글에 나온 낱말의 빈칸에 동그라미 하세요. 동그라미 한 낱말들이 위 글의 주제와 관련된 핵심어입니다.

문제 개수 **7**개

맞은 개수 ⬜ 개

틀린 개수 ⬜ 개

| 큰아빠 | 슬픔 | 수양 가족 | 핵가족 | 진짜 가족 | 기쁨 | 대가족 |

♥ 다음 보기 를 이용해서 ❷~❸번 문제를 풀어 보세요.

보기 ① 서로 다른 세 가족   ② 어려움   ③ 기쁨과 슬픔
      ④ 친부모, 친형제, 친척   ⑤ 진짜 가족   ⑥ 수양 가족

❷
글의 짜임
그리기

다음은 위 글의 내용을 한눈에 볼 수 있도록 정리한 표입니다. 빈칸에 보기 의 ①~⑥을 알맞게 넣어 표를 완성해 보세요.

문제 개수 4 개

맞은
개수   개

틀린
개수   개

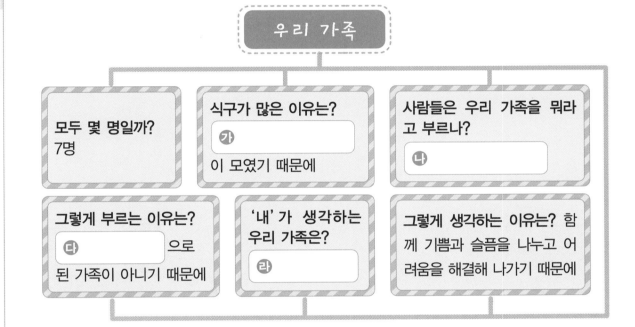

우 리 가 족

모두 몇 명일까?
7명

식구가 많은 이유는?
⑦
이 모였기 때문에

사람들은 우리 가족을 뭐라고 부르나?
⑭

그렇게 부르는 이유는?
⑮   으로
된 가족이 아니기 때문에

'내'가 생각하는
우리 가족은?
⑯

그렇게 생각하는 이유는? 함께 기쁨과 슬픔을 나누고 어려움을 해결해 나가기 때문에

❸
요약
하기

다음은 위 글의 중심 내용을 요약한 것입니다. 빈칸에 보기 의 ①~⑥을 알맞게 넣어 요약 글을 완성해 보세요.

문제 개수 2 개

맞은
개수   개

틀린
개수   개

　　우리 가족은 수양 가족이다. 친부모도 친형제도 그리고 친척도 아닌, 서로 다른 세 가족이 모인 가족이기 때문이다. 그래서 친구들은 우리 가족이 진짜 가족이 아니라고 한다. 하지만 난 우리 가족이야말로 진짜 가족이라고 생각한다. 서로 ⑦　　　　　　　을 함께 나누고, ⑭　　　　　　도 함께 해결해 나가기 때문이다.

❹ 제목 달기

다음은 위 글에 가장 어울리는 제목을 찾는 과정입니다. 서로 관계 있는 것끼리 줄로 이으세요.

문제 개수 ③ 개

맞은 개수 ⬜ 개

틀린 개수 ⬜ 개

진짜 가족이란 ★   ★ 이 글의 제목으로 딱 좋아!

기쁨을 나누는 가족 ★   ★ 범위가 너무 좁아!

다양한 가족의 종류 ★   ★ 이 글과 상관없는 제목이야!

총 문제 개수 ⑯ 개 | 총 맞은 개수 ◯ 개 | 총 틀린 개수 ◯ 개

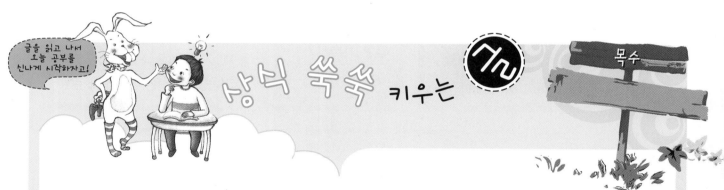

상식 쑥쑥 키우는 42

목수

글을 읽고 나서 오늘 공부를 신나게 시작하자고!

목수는 나무 다루는 일을 하는 사람이에요. 대목과 소목으로 나뉘는데, 대목은 큰 건축물을 잘 짓는 목수고, 소목은 가구 같이 규모가 작은 일을 하는 목수예요. 대목에는 공사를 감독하는 우두머리 목수인 도편수, 그를 돕는 부편수, 지붕 기울기를 살피고 재는 정현편수, 나무를 재는 공도편수, 서까래를 거는 연목편수 등이 있어요.

요즘 나무로 집을 짓지 않게 되면서 목수 기술이 전해지지 않자, 여러 종류의 목수를 무형문화재로 지정하여 기술을 전수한답니다. 최근 다시 목조 주택에 대한 관심이 높아지고, 취미로 목공을 하는 사람이 늘고 있어요. 하지만 전통적인 의미의 목수하고는 다르답니다.

최근의 목조 주택은 통나무나 나무 패널을 이용해서 짓는 경우가 많아요. 한옥을 지을 때에도 컴퓨터를 이용하여 설계하고 나무를 가공해서 공사 기간과 비용을 줄인답니다.

06회

머리 풀어주는 퍼즐

도전 시간	걸린 시간
00 분 20 초	분 초

창의사고력 기초 다지기 주의집중력 쑥~

보기와 같은 부분을 찾아 동그라미 치고 몇 개인지 세어 보세요.

보기

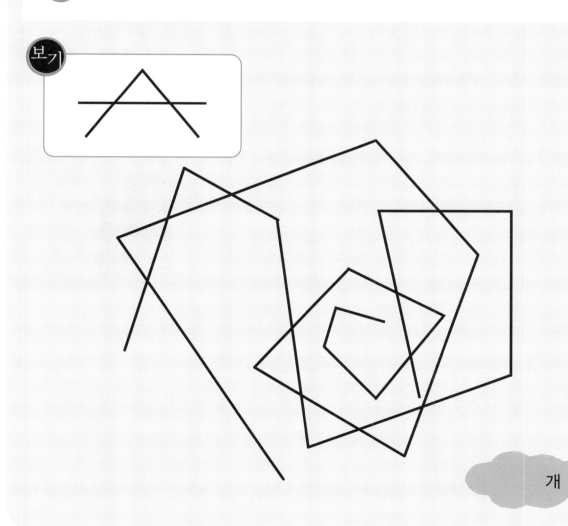

개

빠르고 **정확**하게 **읽기**

○ 오늘의 읽기 자료입니다. 잘 읽고 문제를 풀어 보세요.

중국 원난성의 소수 민족 모쒀족에게는 '아빠'란 호칭이 없답니다. 모쒀족의 아이들은 엄마의 성을 따르며, 아빠 대신 외삼촌을 '쥬쥬'라고 부르며 살아가기 때문이랍니다. 외삼촌이 아빠처럼 아이들을 잘 보살펴 주지요.

모쒀족은 여성이 중심이 되는 모계 사회로 집안의 성 뿐만 아니라 재산도 맏딸이 모두 물려받는데, 이는 독특한 결혼 풍습인 '야사혼' 때문입니다. 모쒀족의 여자와 남자는 결혼을 해도 한 집에서 함께 살지 않고, 어머니 또는 누나와 여동생의 집에서 조카를 돌보며 살아갑니다. 나이가 들어서야 아내의 집으로 들어가 외삼촌처럼 '쥬쥬'로 불리며 자신의 아이들과 함께 지내게 되지요.

이런 독특한 결혼 풍습 덕에 모쒀족의 아이들에게는 부모의 이혼으로 인한 아픔이 없답니다. 태어나서부터 엄마와 함께 지내기 때문에, 아빠가 엄마를 찾든 찾지 않든 크게 영향을 받지 않으니까요. 게다가 외삼촌이 든든한 아빠 역할을 대신해 주거든요. 결혼 풍습도 가족의 모습도 독특한 모쒀족. 아이들이 건강하고 행복하게 지낼 수 있다면, 그것이 정말 행복한 가족 아닐까요.

①
핵심어 찾기

다음 낱말들 중에 위 글에 나온 낱말의 빈칸에 동그라미 하세요. 동그라미 한 낱말들이 위 글의 주제와 관련된 핵심어입니다.

문제 개수 7 개

맞은 개수 ◯ 개

틀린 개수 ◯ 개

야사혼	입양	모쒀족	가족	외삼촌	결혼	모계 사회

♥ 다음 보기 를 이용해서 ❷~❸번 문제를 풀어 보세요.

보기 ① 부모의 이혼   ② 외삼촌
      ③ 야사혼   ④ 모계 사회

❷ 글의 짜임 그리기

다음은 위 글의 내용을 한눈에 볼 수 있도록 정리한 표입니다. 빈칸에 보기 의 ①~④를 알맞게 넣어 표를 완성해 보세요.

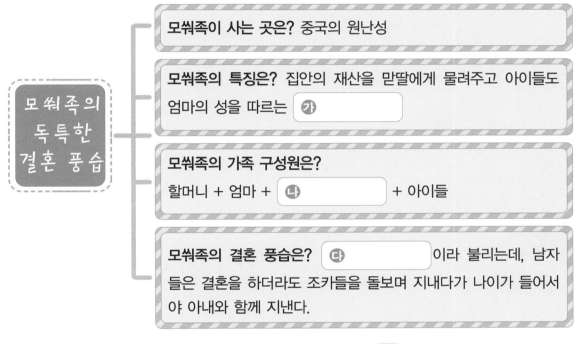

모쒀족의 독특한 결혼 풍습

모쒀족이 사는 곳은? 중국의 윈난성

모쒀족의 특징은? 집안의 재산을 맏딸에게 물려주고 아이들도 엄마의 성을 따르는 [가]

모쒀족의 가족 구성원은?
할머니 + 엄마 + [나] + 아이들

모쒀족의 결혼 풍습은? [다] 이라 불리는데, 남자들은 결혼을 하더라도 조카들을 돌보며 지내다가 나이가 들어서야 아내와 함께 지낸다.

❸ 요약 하기

다음은 위 글의 중심 내용을 요약한 것입니다. 빈칸에 보기 의 ①~④를 알맞게 넣어 요약 글을 완성해 보세요.

　　모쒀족은 중국의 윈난성에 살고 있는 소수 민족이다. 이들은 집안의 재산을 맏딸에게 물려주고 아이들도 엄마의 성을 따르는 모계 사회다. 모쒀족은 외삼촌이 누나나 여동생의 아이들인 조카를 돌보며 함께 사는데, '야사혼'이라는 독특한 결혼 풍습 때문이다. 모쒀족의 남자는 결혼을 하더라도 조카들을 돌보며 지내다가 나이가 들어서야 아내와 함께 지낼 수 있다. 이런 환경에서 자라는 모쒀족 아이들은 [가] 으로 인한 아픔을 겪지 않는다고 한다.

❹ 제목 달기

문제 개수 1 개

맞은 개수 ◌ 개

틀린 개수 ◌ 개

다음은 위 글에 가장 어울리는 제목을 지어 보는 과정입니다. 보기에 주어진 단어를 이용해서 제목을 달아 보세요.

보기 야사혼   결혼   풍습   독특한   모쒀족의

총 문제 개수 **12** 개   총 맞은 개수 ◯ 개   총 틀린 개수 ◯ 개

마음에 힘이 되는 글
우리 집의 제복

글을 읽고 나서 오늘 공부를 신나게 시작하자고!

제복은 학교나 관청, 회사 따위에서 정하여진 규정에 따라 입도록 한 옷이에요. 유니폼이라고도 하지요. 학교에서 입는 건 교복, 경찰이 입으면 경찰복, 군인이 입는 군복 등이 있지요. 같은 제복을 입는 사람들은 소속감과 일체감을 갖게 되고, 멀리서 봐도 금세 알 수 있는 상징성도 있답니다.

승복·사제복·간호사의 흰옷·교복·회사 유니폼은 상징성을 강조한 제복이고, 군복·운동복·소방관 옷은 편리함, 기능, 안전성을 강조한 제복이에요. 제복은 단점도 있어요. 통일성을 지나치게 강조하다 보니 입는 사람의 개성을 죽일 수 있어요.

우리 집의 제복을 만들어 보세요. 어렵고 힘들 때 가족의 따뜻함과 힘을 주는 그런 제복이면 된답니다. 진짜 옷이 아니어도 좋아요. 가족의 색깔을 정하고, 그에 맞는 마음의 옷을 마련하면 된답니다.

36

머리 풀어주는

도전 시간	걸린 시간
00 분 20 초	분 초

창의사고력 기초 다지기 연상추리력 쓱~

다음 글자가 옆에 있는 거울에 비치면 어떤 글자가 될지 생각해 보세요.

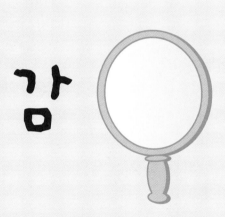

① 앙

② 앙

③ 엉

④ 겅

번

37

속독 정독

빠르고 **정확**하게 **읽기**

도전시간

| 5 | 분 | 20 | 초 |

걸린시간

| | 분 | | 초 |

● 오늘의 읽기 자료입니다. 잘 읽고 문제를 풀어 보세요.

   반려동물과 애완동물의 차이를 아시나요? '애완' 이란 내가 좋아서 가까이 두고 즐기는 것을, '반려' 는 생각이나 행동을 함께 하는 짝을 의미합니다. 즉, 애완동물은 귀엽고 좋아서 기르는 동물이고, 반려동물은 가족처럼 여기고 기르는 동물을 말합니다. 동물을 대하는 기본 마음이 다른 것이지요.

   만약, 여러분이 바둑이라는 강아지를 애완동물로 키운다고 상상해 보세요. 산책하던 바둑이가 길에 똥을 싸도 치우지 않고, 병이라도 나면 돈이 들고 귀찮아서 그냥 길에 버릴지도 몰라요. 왜냐하면 바둑이를 장난감 정도로만 여겼기 때문이지요.

   하지만 반려동물로 바둑이를 대한다면 어떨까요? 산책하다 바둑이가 똥을 싸면 다른 사람들이 바둑이 흉을 볼까 봐 얼른 치우고, 병이 나면 정성껏 치료해 줄 거예요. 여러분에게 바둑이는 소중한 가족이니까요.

   강아지든 달팽이든 장수하늘소든 열대어든 모두 소중한 생명을 지닌 동물이랍니다. 이젠 장난감이 아닌 한 가족으로 여겨 주세요.

①
핵심어
찾기

다음 문장의 빈칸에 알맞은 낱말을 적어 보세요. 빈칸에 들어갈 낱말이 위 글에서 가장 중요한 핵심어입니다.

문제 개수 2 개

맞은
개수 ◯ 개

틀린
개수 ◯ 개

   ㉮ ☐ 이란 가족처럼 여기고 기르는 동물을, ㉯ ☐ 이란 귀엽고 좋아서 기르는 동물을 의미합니다.

♥ 다음 보기 를 이용해서 ❷~❸번 문제를 풀어 보세요.

보기
① 치료　　　　　　　　　　② 장난감
③ 버리기까지 합니다　　　　④ 가족처럼 여겨야 한다
⑤ 생명　　　　　　　　　　⑥ 병

❷
글의 짜임
그리기

문제 개수 3 개

맞은
개수 ⎵ 개

틀린
개수 ⎵ 개

다음은 위 글의 내용을 한눈에 볼 수 있도록 정리한 표입니다. 빈칸에 보기 의 ①~⑥을 알맞게 넣어 표를 완성해 보세요.

	반려동물	애완동물
의미	가족처럼 여기고 기르는 동물	귀엽고 좋아서 기르는 동물
동물에 대한 마음	동물을 가족처럼 여긴다.	동물을 ㉮ 처럼 여긴다.
동물의 ㉯	정성껏 치료해 준다.	돈이 들고 귀찮아서 기르던 동물을 버리기도 한다.
동물의 배설물	산책 중이라도 깨끗이 치운다.	산책 중이라면 모른 척하고 치우지 않는다.
동물을 대하는 바른 태도	내가 기르는 동물도 소중한 생명을 지녔음을 깨닫고, ㉰	

❸
요약
하기

다음은 위 글의 중심 내용을 요약한 것입니다. 빈칸에 보기 의 ①~⑥을 알맞게 넣어 요약 글을 완성해 보세요.

문제 개수 3 개

맞은
개수 ⎵ 개

틀린
개수 ⎵ 개

　　반려동물과 애완동물은 같으면서 서로 다른 말입니다. 우선, 반려동물이란 가족처럼 여기고 기르는 동물을 의미합니다. 반려동물이 산책 중에 배설을 하면 깨끗이 치우고, 병이 나면 정성껏 ㉮ 해 줍니다. 반면에, 애완동물이란 귀엽고 좋아서 기르는 동물을 의미하고, 동물을 장난감으로 여깁니다. 산책 중 동물이 배설을 하면 치우지도 않을뿐더러, 병이 나면 ㉯ . 모든 동물은 소중한 ㉰ 을 지니고 있습니다. 따라서 기르는 동물을 가족처럼 여겨야 합니다.

다음은 위 글의 제목 후보입니다. 먼저, 위 글의 제목으로 가장 알맞은 것을 골라 빈칸에 ○를 하세요. 그런 다음, 주어진 조건에 맞게 ×, △, □를 표시하세요. (단, ○는 딱 한 개만 고르세요.)

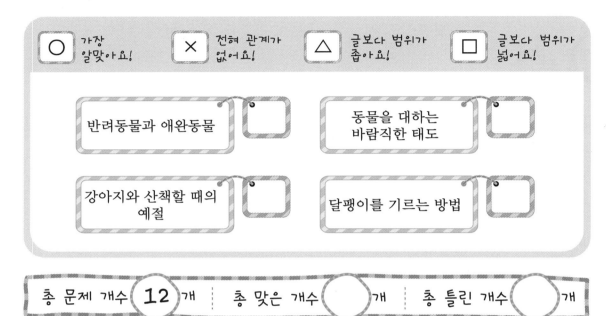

○ 가장 알맞아요!   × 전혀 관계가 없어요!   △ 글보다 범위가 좁아요!   □ 글보다 범위가 넓어요!

반려동물과 애완동물 ⬜

동물을 대하는 바람직한 태도 ⬜

강아지와 산책할 때의 예절 ⬜

달팽이를 기르는 방법 ⬜

총 문제 개수 12 개   총 맞은 개수 ◯ 개   총 틀린 개수 ◯ 개

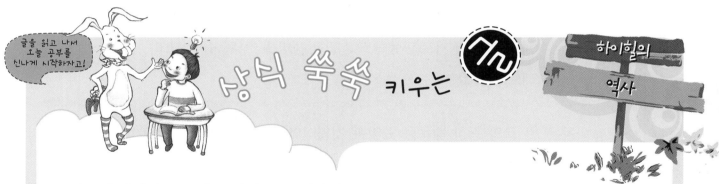

글을 읽고 나서 오늘 공부를 신나게 시작하자고!

상식 쑥쑥 키우는   하이힐의 역사

최초의 하이힐은 그리스 테베 고분 벽화에서 발견되었어요. 이 벽화에서는 남자가 하이힐을 신고 있답니다. 중세 유럽에서 말을 탈 때 등자에 발을 고정하려고 남자들이 하이힐을 애용했대요. 또 그 시대에는 하수시설이 없어 사람이나 동물의 오물이 길에 흘러 넘쳤는데, 이를 피하기 위해 남자들이 굽이 높은 신을 신었대요. 또 베르사이유 궁전 안에도 화장실이 없어서 오물이 많았는데, 이를 피하기 위해 하이힐을 신었다고 해요.

하이힐이 본격적으로 유행하기 시작한 것은 17세기 프랑스예요. 루이 14세가 작은 키를 커 보이게 하기 위해 굽이 높은 신을 신자 유행이 되었대요. 여성들이 처음 하이힐을 신은 것은 18세기 무렵 파리의 유행에 민감한 미국 여성들이었대요. 미국에서는 여성의 굽은 점점 가늘고 높아진 반면에 남성의 굽은 점점 낮아졌다고 해요.

머리 풀어주는

도전 시간	걸린 시간
00 분 15 초	분 초

창의사고력 기초 다지기   판단능력   쓱~

컵 안의 숫자들이 모두 짝수인 컵은 몇 번일까요?

❶

❷

❸

❹

번

빠르고 **정확**하게 **읽기**

● 오늘의 읽기 자료입니다. 잘 읽고 문제를 풀어 보세요.

○○년 ○○월 ○일

내일은 드디어 엄마가 기다리시는 반상회 날이다. 엄마는 놀이터 개 사건 때문에 반상회에서 '애완동물 기르는 예절'을 알리겠다며 달력에 빨갛게 표시해 놓으셨다.

지난 주, 나와 동생이 놀이터에서 놀고 있었는데, 목줄도 없는 개가 우릴 향해 사납게 짖었다. 개주인은 "짖기만 하지 물지 않아." 하면서 그냥 서 있는 거다. 엄마는 "도대체 누구야? 기본 예절도 모르면서 개 키우는 사람이."라며 화를 내셨다.

엄마는 애완동물과 외출을 할 때에는 목줄과 신문지, 집게, 비닐봉지를 반드시 챙겨야 한다고 하셨다. 목줄은 애완동물을 함부로 풀어 놓지 않기 위해서, 신문지·집게·비닐봉지는 용변을 깨끗이 청소하기 위해서란다. 특히, 대중교통을 탈 때는 애완동물을 이동 상자나 가방에 넣어야 한단다.

우릴 놀라게 한 개 주인도 반상회에 꼭 참석했으면 좋겠다. 똘이를 키우는 진희에게 꼭 반상회에 오라고 알려 줘야겠다. 똘이가 아무데나 똥을 싸도 치우지 않으니 말이다. 어? 달팽이를 키우는 소영이는 어떻게 하지? 엄마에게 물어 봐야겠다.

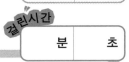

❶ 핵심어 찾기

다음 낱말들 중에 위 글에 나온 낱말의 빈칸에 동그라미 하세요. 동그라미한 낱말들이 위 글의 주제와 관련된 핵심어입니다.

문제 개수 **7** 개

맞은 개수 ____ 개

틀린 개수 ____ 개

애완동물	목줄	학급 회의	기본 예절	바둑이	이동 상자	비닐봉지

♥ 다음 보기를 이용해서 ❷~❸번 문제를 풀어 보세요.

보기
① 이동 상자　　　② 외출　　　③ 대중교통
④ 비닐봉지　　　⑤ 용변　　　⑥ 목줄

❷ 글의 짜임
그리기

다음은 위 글의 내용을 한눈에 볼 수 있도록 정리한 표입니다. 빈칸에 보기의 ①~⑥을 알맞게 넣어 표를 완성해 보세요.

문제 개수 3 개

맞은 개수 　　 개

틀린 개수 　　 개

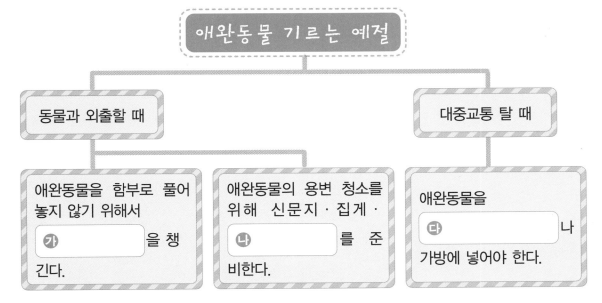

애완동물 기르는 예절

동물과 외출할 때 ┃ 대중교통 탈 때

애완동물을 함부로 풀어 놓지 않기 위해서 **가** 을 챙긴다.

애완동물의 용변 청소를 위해 신문지 · 집게 · **나** 를 준비한다.

애완동물을 **다** 나 가방에 넣어야 한다.

❸ 요약
하기

다음은 위 글의 중심 내용을 요약한 것입니다. 빈칸에 보기의 ①~⑥을 알맞게 넣어 요약 글을 완성해 보세요.

문제 개수 3 개

맞은 개수 　　 개

틀린 개수 　　 개

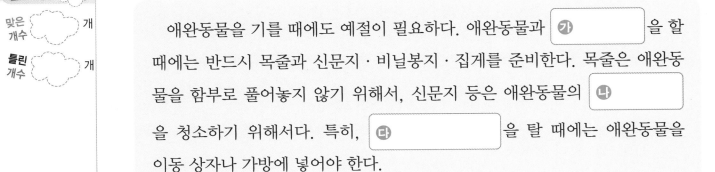

　애완동물을 기를 때에도 예절이 필요하다. 애완동물과 **가** 을 할 때에는 반드시 목줄과 신문지 · 비닐봉지 · 집게를 준비한다. 목줄은 애완동물을 함부로 풀어놓지 않기 위해서, 신문지 등은 애완동물의 **나** 을 청소하기 위해서다. 특히, **다** 을 탈 때에는 애완동물을 이동 상자나 가방에 넣어야 한다.

④
제목
달기

다음은 위 글에 가장 어울리는 제목을 찾는 과정입니다. 서로 관계 있는 것끼리 줄로 이으세요.

문제 개수 4 개

맞은
개수   개

틀린
개수   개

애완동물을 구입하는 방법 ★   ★ 이 글의 제목으로 딱 좋아!

애완동물과 외출하는 방법 ★   ★ 범위가 너무 좁아!

애완동물을 기르기 ★   ★ 범위가 너무 넓어!

애완동물을 기르는 예절 ★   ★ 이 글과 상관없는 제목이야!

총 문제 개수 ⟨ 17 ⟩ 개   총 맞은 개수 ◯ 개   총 틀린 개수 ◯ 개

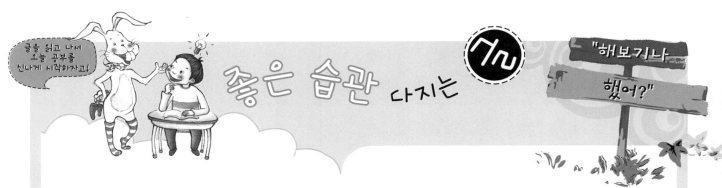

글을 읽고 나서 오늘 공부를 신나게 시작하자고!

좋은 습관 다지는 72

"해보기나 했어?"

돌아가신 현대 그룹의 정주영 회장은 습관처럼 "해보기나 했어?"라는 말을 하셨대요. 회사 직원들에게는 물론 자신도 이런 마음으로 평생을 살았대요. 정주영 회장은 가난해서 많이 배우지 못했어요. 하지만 이런 도전 정신과 하면 된다는 생각이 한국을 대표하는 자동차 회사와 건설사를 만든 바탕이 되었어요.

친구들도 한 번쯤 경험해 봤을 거예요. 가령 발표회나 어려운 과제를 앞두었다고 생각해 보세요. 생각만 해도 떨리고 못할 것 같고 포기하고 싶은 마음이 앞서지요. 하지만 막상 해보면 생각보다 어렵지 않고 기분도 좋아지는 그런 경험 말이에요. 사실 해보지도 않고 지레 겁부터 먹는 경우가 많지요. 이제부터는 겁부터 먹지 말고, 귀찮아하지도 말고 이 말을 습관처럼 되새겨 봐요. "해보기나 했어?"

도전 시간	걸린 시간
00 분 20 초	분 초

창의사고력 기초 다지기 정보처리능력 쑥~

보기의 도형이 하나씩만 들어가도록 묶어 보세요.

보기

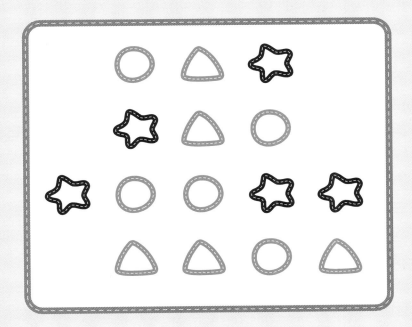

빠르고 **정확**하게 **읽기**

도전시간

| 6 분 | 00 초 |

걸린시간

| 분 | 초 |

● 오늘의 읽기 자료입니다. 잘 읽고 문제를 풀어 보세요.

안녕하세요?

저는 미국의 플로리다에서 중증 장애를 앓고 있는 어린 이들을 치료하는 돌고래 의사 돌핀이랍니다. 저는 요즘 헨리와 수잔과 함께 헤엄을 치고 있답니다. 헨리는 뇌가 손상되어 손과 발을 제대로 움직이지 못하고, 수잔은 자기만의 세상에 갇혀 다른 사람과 말을 나누어 본 적이 없답니다. 그런데 요즘 헨리의 손발이 조금씩 풀리고, 수잔의 말문이 트여서 무척 기쁩니다. 저에게 특별한 치료법이

있는 건 아니에요. 그저 함께 헤엄치고 놀면서 잘한다고 격려하는 것뿐이랍니다.

사람들은 저처럼 개, 고양이, 말 등의 동물을 이용해 사람을 치료하는 것을 '동물 매개 치료법'이라고 부르더군요. 우리는 사람의 말은 못하지만 장애를 가진 친구들의 마음을 읽을 수 있어요. 그리고 친구들도 우리에게 마음을 쉽게 열어 주지요. 이 게 바로 동물과 사람이 나누는 사랑이며, 그 덕분에 우리가 의사가 될 수 있는 거랍니다. 기회가 되면 이 의사 돌핀이 한국에 있는 친구들도 만나러 갈게요. 그럼 그때까지 한국 친구들 건강해요!

헤엄치는 의사, 돌핀이

① 핵심어 찾기

다음 문장의 빈칸에 알맞은 낱말을 적어 보세요. 빈칸에 들어갈 낱말이 위 글에서 가장 중요한 핵심어입니다.

문제 개수 1 개

맞은 개수 ⬚ 개

틀린 개수 ⬚ 개

⑦ ⬚⬚⬚⬚⬚⬚⬚ 이란 사람의 치료에 개, 고양이, 말 등의 동물을 이용 하는 것을 말합니다.

46

♥ 다음 보기 를 이용해서 ❷～❸번 문제를 풀어 보세요.

보기 ① 개, 고양이, 말   ② 사랑   ③ 중증 장애
④ 돌고래   ⑤ 마음   ⑥ 동물

다음은 위 글의 내용을 한눈에 볼 수 있도록 정리한 표입니다. 빈칸에 보기 의 ①～⑥을 알맞게 넣어 표를 완성해 보세요.

동물 매개 치료법	
뜻	사람의 치료에 개, 고양이, 말 등의 동물을 이용하는 것
치료 대상	㉮ ⬚ 를 앓고 있는 아이들
치료 방법	동물이 장애아의 마음을 읽고 행동하면 장애아가 마음을 열게 된다. 즉, 동물과 사람이 나누는 ㉯ ⬚ 을 이용한 치료법이다.
실제 사례	㉰ ⬚ 를 이용한 장애아 치료

다음은 위 글의 중심 내용을 요약한 것입니다. 빈칸에 보기 의 ①～⑥을 알맞게 넣어 요약 글을 완성해 보세요.

중증 장애를 앓고 있는 아이들의 치료에 ㉮ ⬚ 을 이용하기도 하는 데, 이를 동물 매개 치료법이라고 한다. 이때 이용되는 동물은 ㉯ ⬚ 등이 있다. 장애아들은 자신의 ㉰ ⬚ 을 읽고 행동하는 동물에게 마음을 열게 되는데, 동물과 사람 사이의 사랑을 이용하여 치료를 하는 것이다. 실제로 미국에서는 돌고래를 이용하여 중증 장애아를 치료하기도 한다.

❹ 제목달기

문제 개수 **4** 개

맞은 개수 ( ) 개

틀린 개수 ( ) 개

다음은 위 글의 제목 후보입니다. 먼저, 위 글의 제목으로 가장 알맞은 것을 골라 빈칸에 ○를 하세요. 그런 다음, 주어진 조건에 맞게 ×, △, □를 표시하세요. (단, ○는 딱한 개만 고르세요.)

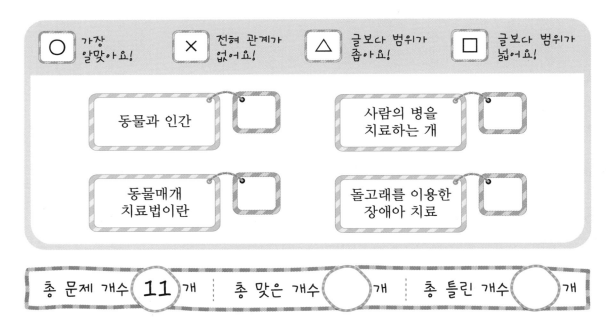

| ○ 가장 알맞아요! | × 전혀 관계가 없어요! | △ 글보다 범위가 좁아요! | □ 글보다 범위가 넓어요! |

동물과 인간 ( )

사람의 병을 치료하는 개 ( )

동물매개 치료법이란 ( )

돌고래를 이용한 장애아 치료 ( )

총 문제 개수 **11** 개   총 맞은 개수 ( ) 개   총 틀린 개수 ( ) 개

글을 읽고 나서 오늘 공부를 신나게 시작하자고!

상식 쑥쑥 키우는 수

외래어와 외국어

외래어는 순우리말과 한자어 외에 외국에서 빌려 마치 국어처럼 쓰는 말이고, 외국어는 말 그대로 다른 나라 말이다. 외래어는 다른 나라와 접촉하는 사이에 들어오기도 하고, 새로운 문화나 기술과 더불어 들어오기도 한다. 외래어는 역사가 아주 오래다. 조선시대나 고려시대에는 주로 중국어·몽골어 등이 들어왔고, 일제 식민 시대를 거쳐 현대에 이르기까지 일본어와 영어 등이 엄청난 속도로 들어왔다.

우리가 습관적으로 쓰는 일본식 외래어를 꼽아보면 맘모스, 액기스, 츄리닝, 레미콘, 다스 등이 있다. 맘모스는 매머드, 액기스는 농축액, 츄리닝은 운동복, 레미콘은 회반죽, 다스는 타가 바른 우리말이다.

머리 풀어주는 퍼즐

창의사고력 기초 다지기   계산능력 쑥~

덧셈이 바르게 된 곳에서 출발하여 내려가면 어떤 도형이 나올까요?

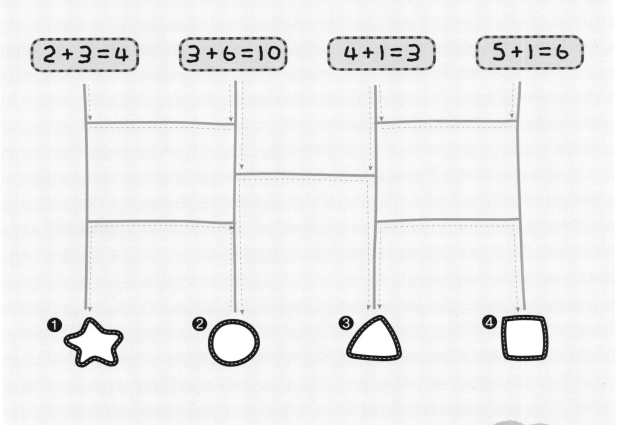

2+3=4   3+6=10   4+1=3   5+1=6

❶ ❷ ❸ ❹

번

빠르고 **정확**하게 **읽기**

속독   정독

도전시간
| 5 분 | 40 초 |

걸린시간
| 분 | 초 |

● 오늘의 읽기 자료입니다. 잘 읽고 문제를 풀어 보세요.

한 남자가 가던 길을 멈추고는 쭈그려 앉았습니다. 힐끔거리는 사람들의 눈길은 아랑곳없이 길 위의 지렁이를 풀숲으로 옮겨 놓습니다. 그는 우리나라 최초의 '지렁이 박사' 인 최훈근 박사입니다.

최훈근 박사가 '지렁이 박사' 가 된 것은 우연한 만남 때문이었습니다. 20여 년 전 어느 날, 키우던 지렁이가 자꾸만 죽는데 그 이유를 통 모르겠다며 한 부부가 그를 찾아왔습니다. 당시 그는 폐기물* 처리에 관해 연구하고 있었기 때문에, 지렁이에는 전혀 관심이 없었지요. 그러나 이 만남을 계기로 그는 지렁이에 눈을 돌리게 되었습니다. 사람들은 그에게 "그렇게 연구할 게 없냐? 미쳤구나!"라며 놀리기도 했고, 심지어 논문 제목에서 '지렁이' 라는 말을 빼라고도 했지요. 하지만 그는 지렁이가 뛰어난 폐기물 처리 전문가임을 밝혀냈답니다.

오늘도 그는 자신이 키운 지렁이가 꿈틀거리는 검은 흙을 화분에 담아 사람들에게 나누어 주고 있습니다. "시끄러운 강아지 대신 조용한 지렁이를 키워 봐요. 음식물 쓰레기가 싹 사라진다니까요." 모두들 징그럽게 여기는 지렁이를 폐기물 처리 전문가로 만든 최훈근 박사, 그는 또 한 명의 지구 지킴이입니다.

폐기물 : 못 쓰게 되어 버리는 물건

①
핵심어
찾기

다음 낱말들이 위 글에서 몇 번씩 나왔는지 세어 보세요. 많이 나온 낱말이 위 글에서 가장 중요한 핵심어입니다.

문제 개수 3 개

맞은 개수 ◯ 개

틀린 개수 ◯ 개

강아지	지렁이	폐기물

50

♥ 다음 보기 를 이용해서 ❷~❸번 문제를 풀어 보세요.

보기
① 폐기물 처리　　　② 미쳤다　　　③ 논문
④ 최훈근　　　　　⑤ 지렁이　　　⑥ 전문가

❷
글의 짜임
그리기

다음은 위 글의 내용을 한눈에 볼 수 있도록 정리한 표입니다. 빈칸에 보기 의 ①~⑥을 알맞게 넣어 표를 완성해 보세요.

문제 개수 3 개

맞은
개수　　　개

틀린
개수　　　개

20년 전 어느 날, 한 부부가 최훈근 박사를 찾아와, 키우던 ㉮　　　가 죽는 이유를 물었다.

⇨

이 일로 폐기물 처리를 연구하던 ㉯　　　박사는 지렁이에 관심을 갖게 되었다.

⇩

결국, 지렁이가 폐기물 처리의 ㉰　　　임을 밝힌 최 박사는 우리나라 최초의 '지렁이 박사'가 되었다.

⇦

사람들은 지렁이를 연구하는 최 박사가 미쳤다고 생각하기도 했고, 논문 제목에서 '지렁이'라는 말을 빼라고도 했다.

❸
요약
하기

다음은 위 글의 중심 내용을 요약한 것입니다. 빈칸에 보기 의 ①~⑥을 알맞게 넣어 요약 글을 완성해 보세요.

문제 개수 3 개

맞은
개수　　　개

틀린
개수　　　개

　　20년 전 어느 날, 키우던 지렁이가 자꾸 죽는 이유를 알고 싶다며 어떤 부부가 최훈근 박사를 찾아왔다. 당시 박사는 폐기물 처리를 연구하고 있었다. 이 일을 계기로 그는 지렁이 연구에 몰두하게 되었다. 사람들은 그가 ㉮　　　고 말하기도 했고, ㉯　　　제목에서 '지렁이'라는 말을 빼라고 권하기도 했다. 그러나 결국, 그는 지렁이가 ㉰　　　에 전문가임을 밝히고 우리나라 최초의 '지렁이 박사'가 되었다.

④ 제목 달기

문제 개수 **4** 개

맞은 개수 ◌ 개
틀린 개수 ◌ 개

다음은 위 글의 제목 후보입니다. 먼저, 위 글의 제목으로 가장 알맞은 것을 골라 빈칸에 ○를 하세요. 그런 다음, 주어진 조건에 맞게 ×, △, □를 표시하세요. (단, ○는 딱 한 개만 고르세요.)

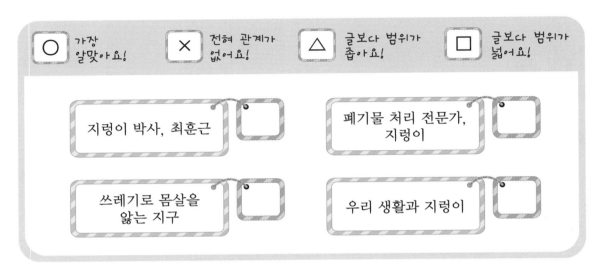

○ 가장 알맞아요!   × 전혀 관계가 없어요!   △ 글보다 범위가 좁아요!   □ 글보다 범위가 넓어요!

지렁이 박사, 최훈근

폐기물 처리 전문가, 지렁이

쓰레기로 몸살을 앓는 지구

우리 생활과 지렁이

총 문제 개수 **13** 개 | 총 맞은 개수 ◯ 개 | 총 틀린 개수 ◯ 개

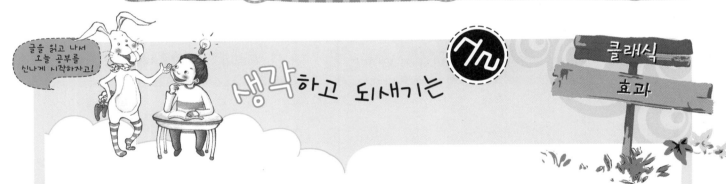

글을 읽고 나서 오늘 공부를 신나게 시작하자고!

생각하고 되새기는

클래식 효과

클래식 음악을 들으면 뇌에서 알파파라는 뇌파가 나온대요. 알파파는 몸과 마음이 안정되어 있을 때 볼 수 있다고 하니 클래식 음악이 그런 효과를 주는 거죠. '모차르트 효과'라는 말이 있어요. 심리학자가 실험을 했는데, 모차르트의 음악을 듣고 난 집단이 그렇지 않은 집단에 비해 공간추리력 테스트에서 월등히 우수하다는 사실을 밝혀냈지요.

또 바로크 음악(17~18세기 서양 음악)의 바탕에 깔리는 베이스 리듬이 사람의 심장 박동수와 같아서 이 음악을 들으면 심리적인 안정감을 느낀대요. 따라서 지능과 감성 능력이 높아진다는 것이죠.

음악에는 수학 못지않은 규칙성과 복잡성이 있어요. 들을 때 그 규칙성을 일일이 따지지 않아도 되지만 그 과정에서 우리 뇌는 자극된답니다. 친구들, 엄마한테 TV 끄고 클래식 음악 듣자고 해 볼래요?

11 회

머리 풀어주는 퍼즐

도전 시간	걸린 시간
00 분 15 초	분 초

창의사고력 기초 다지기 주의집중력 쑥~

집으로 가는 길이 네 갈래가 있습니다. 그 중에 별 모양이 가장 많은 길은 몇 번일까요?

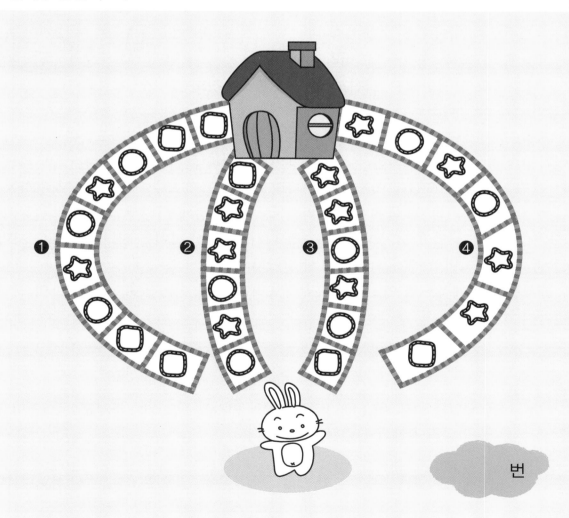

번

빠르고 **정확**하게 **읽기**

도전시간

| 5 | 분 | 50 | 초 |

걸린시간

| | 분 | | 초 |

● 오늘의 읽기 자료입니다. 잘 읽고 문제를 풀어 보세요.

음악계의 정크아트, '한내, 감돌, 하품, 장화'를 아시나요? '정크아트'란 우리가 쓰다가 버린 잡동사니나 망가진 부품을 이용해 만든 미술을 말한답니다. 정크아트처럼 쓰레기를 이용해서 만든 악기가 '한내, 감돌, 하품, 장화'입니다. 수돗물이 흐르던 버려진 파이프는 큰 강이 흐르는 소리가 나는 '한내'가 되었지요. 자동차 바퀴에서 반짝거리던 알루미늄 휠은 '감돌'이, 다 먹고 버려진 빈 콜라병은 '하품'이, 논두렁과 공사판에서 열심히 움직이던 고무장화는 '장화'가 되었답니다.

그럼, 누가 쓰레기를 기상천외한 악기로 만들어 연주하는 걸까요? 바로 '노리단'이라는 단체입니다. '노리단'은 '놀이'＋'단'에서 만들어진 말이랍니다. '노리단'에는 십대 소녀부터 오십대 아저씨까지 다양한 사람들이 있는데, 음악을 사랑하는 마음은 모두 같습니다. 그들은 재활용과 폐품으로 세상에 하나뿐인 악기를 만들고는, 환경미화원 옷을 입고 길거리에서 공연합니다. 그들이 펼치는 신나는 연주에 사람들은 무심코 버리던 쓰레기를 다시 보게 된답니다.

재활용품과 폐품으로 악기를 만드는 '노리단'처럼 여러분도 지금 나만의 악기를 만들어 보세요.

①
핵심어
찾기

다음 낱말들 중에 위 글에 나온 낱말의 빈칸에 동그라미 하세요. 동그라미 한 낱말들이 위 글의 주제와 관련된 핵심어입니다.

문제 개수 7 개

맞은
개수 ⌒⌒ 개

틀린
개수 ⌒⌒ 개

| 노리단 | 폐차장 | 악기 | 재활용품 | 오르간 | 폐품 | 실로폰 |
| | | | | | | |

54

♥ 다음 보기 를 이용해서 ❷~❸번 문제를 풀어 보세요.

보기 | ① 파이프　　② 재활용 악기　　③ 환경미화원
④ 노리단　　⑤ 하품　　⑥ 쓰레기

다음은 위 글의 내용을 한눈에 볼 수 있도록 정리한 표입니다. 빈칸에 보기 의 ①~⑥을 알맞게 넣어 표를 완성해 보세요.

재활용 악기를 연주하는 노리단

노리단은 쓰레기를 이용하여

⑦

를 만드는 사람들이다.

⇨

노리단이 만든 악기에는 버려진 ④　　　로 만든 '한내', 폐차된 자동차 바퀴의 휠로 만든 '감돌', 빈 콜라병으로 만든 '⑤　　　', 헌 고무장화로 만든 '장화'가 있다.

⇩

노리단의 공연을 통해 사람들은 무심코 버리던 쓰레기를 다시 보게 된다.

⇦

노리단은 ㉣　　　옷을 입고 재활용 악기를 들고 길거리에서 공연한다.

다음은 위 글의 중심 내용을 요약한 것입니다. 빈칸에 보기 의 ①~⑥을 알맞게 넣어 요약 글을 완성해 보세요.

⑦　　　은 쓰레기를 이용하여 재활용 악기를 만드는 사람들입니다. 그들이 만드는 악기에는 '한내, 감돌, 하품, 장화'가 있습니다. '한내'는 버려진 파이프로, '감돌'은 폐차된 자동차 바퀴의 휠로, '하품'은 빈 콜라병으로, '장화'는 헌 고무장화로 만듭니다. 환경미화원 옷을 입고 재활용 악기를 길거리에서 연주하는 노리단의 공연을 보면서, 사람들은 무심코 버리던 ④　　　를 다시 보게 됩니다.

④ 제목 달기

다음은 위 글에 가장 어울리는 제목을 지어 보는 과정입니다. 보기에 주어진 단어를 이용해서 제목을 달아 보세요.

문제 개수 **1** 개

맞은 개수 ⬭ 개

틀린 개수 ⬭ 개

보기   악기   재활용   노리단   연주하는

총 문제 개수 **14** 개 | 총 맞은 개수 ◯ 개 | 총 틀린 개수 ◯ 개

글을 읽고 나서 오늘 공부를 신나게 시작하자고!

상식 쑥쑥 키우는 **귀유**

장마철에도 겨울철에도 필수품인 염화칼슘

엄마가 장마철만 되면 갈아 놓는 물먹는 하마. 분명 넣을 때는 버석버석 소리가 났는데 꺼낼 때는 물이 출렁거려요. 대체 어떤 원리일까요? 습기를 제거하는 제습제의 성분은 염화칼슘입니다. 염화칼슘은 공기를 잘 흡수하는 성질이 있어요. 장마철에는 자기 무게의 14배도 넘는 물을 흡수할 수 있대요.

그런데 이 염화칼슘은 눈 내리는 겨울철에도 요긴하게 쓰여요. 염화칼슘은 물을 흡수하는 성질을 가지고 있어 빙판길에 뿌리면 표면의 물을 흡수해요. 그러면서 열을 내는데요, 발열 반응으로 주위 눈이 녹아요. 이렇게 녹은 눈은 날씨가 추워져도 다시 얼지 않아요. 하지만 염화칼슘이 차에 붙어 있으면 차를 상하게 하므로 얼른 닦아내야 해요.

12회 머리 풀어주는 **퍼 즐**

도전 시간	걸린 시간
00 분 30 초	분 초

창의사고력 기초 다지기 연상추리력 쏙~

❶번 그림을 180도로 돌렸을 때 어떤 모양이 될지 찾아 보세요.

❶

❷

❸

❹

❺

번

도전시간

| 5 분 | 20 초 |

걸린시간

| 분 | 초 |

● 오늘의 읽기 자료입니다. 잘 읽고 문제를 풀어 보세요.

환경이네는 화요일 저녁마다 바쁩니다. 쓰레기를 분리 배출하는 날이거든요. 그런데 오늘은 환경이가 입을 삐죽거리더니, 느닷없이 소리를 칩니다.

"엄마! 이게 뭐에요? 제대로 쓰레기를 버려야 환경 오염도 줄이고 자원도 재활용하죠."

환경교실에 다녀 온 환경이가 재활용 쓰레기는 종이 · 유리 · 철 · 합성수지 용기로 나뉜다며, 버리는 방법을 설명하기 시작했습니다.

"종이는 끼리끼리 묶어야 해요. 신문끼리, 우유팩끼리 알았죠? 유리로 된 음료수 병은 뚜껑을 떼고 속을 비워서 색깔별로 버려야 하고요."

환경이의 표정이 너무 진지해서, 엄마는 하마터면 웃음이 나올 뻔 했습니다.

"참치 캔, 음료수 캔은 철에 속하는데, 캔을 열 때 썼던 고리는 캔 속에 넣어서 버리는 거예요. 특히 일회용 가스통은 구멍을 뚫어서 버려야 해요. 잘못하면 폭발한단 말이에요. 그리고 페트병 같은 합성수지 용기는……"

"종류별로 버려야 해! 잘 살펴보면, 화살표로 된 삼각형 모양 안에 표기되어 있는데, 페트병엔 PET, 샴푸 통엔 HDPE 라고 쓰여 있거든."

환경이의 말을 가로채며 엄마가 말했습니다.

"엥? 엄마! 지금까지 알면서 안 한 거에요? 너무해요!"

"한 번만 봐주세요. 앞으론 꼭 지킬게요, 재활용 쓰레기 박사님!"

환경이와 엄마는 웃으며 환하게 불 켜진 아파트 마당으로 내려갔습니다.

① 핵심어 찾기

다음은 위 글과 관련된 낱말들입니다. 가장 넓은 뜻을 지닌 단어를 찾아 ✔하세요. 표시한 낱말이 위 글에서 가장 중요한 핵심어입니다.

문제 개수 1 개

맞은 개수 ⬜ 개

틀린 개수 ⬜ 개

⬜ 종이류   ⬜ 재활용 쓰레기   ⬜ 합성수지 용기   ⬜ 유리류

♥ 다음 보기를 이용해서 ❷~❸번 문제를 풀어 보세요.

보기
① 속에 넣어서 ② 합성수지 용기 ③ 묶어서 버린다
④ 나누어 버린다 ⑤ 쓰레기 분리 배출 ⑥ 환경 오염

❷
글의 짜임
그리기

다음은 위 글의 내용을 한눈에 볼 수 있도록 정리한 표입니다. 빈칸에 보기의 ①~⑥을 알맞게 넣어 표를 완성해 보세요.

문제 개수 4 개

맞은 개수 ⃝ 개

틀린 개수 ⃝ 개

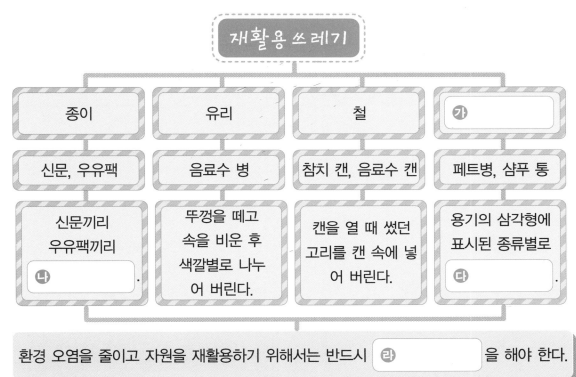

❸
요약
하기

다음은 위 글의 중심 내용을 요약한 것입니다. 빈칸에 보기의 ①~⑥을 알맞게 넣어 요약 글을 완성해 보세요.

문제 개수 2 개

맞은 개수 ⃝ 개

틀린 개수 ⃝ 개

재활용 쓰레기에는 종이, 유리, 철, 합성수지 용기가 있다. 재활용 쓰레기를 버릴 때에는 종이는 종류별로 묶어서, 유리는 뚜껑을 떼고 속을 비운 후 색깔별로 나누어서, 캔은 뚜껑을 열 때 썼던 고리를 ㉮ 　　　　　　, 합성수지 용기는 용기 겉의 삼각형 안에 표시된 종류별로 나누어서 버려야 한다. ㉯ 　　　　　　을 줄이고 자원을 재활용하기 위해서는 반드시 쓰레기를 분리해서 배출해야 한다.

59

④ 제목 달기

다음은 위 글에 가장 어울리는 제목을 찾는 과정입니다. 서로 관계 있는 것끼리 줄로 이으세요.

쓰레기 분리 배출을 하는 이유 ★   ★ 이 글의 제목으로 딱 좋아!

재활용 쓰레기 버리는 방법 ★   ★ 범위가 너무 좁아!

환경 오염의 원인 ★   ★ 이 글과 상관없는 제목이얌!

글을 읽고 나서 오늘 공부를 신나게 시작하자고!

마음에 힘이 되는 12

어머니와 조왕신

불이 없다면 어떻게 될까요? 음식을 익혀먹을 수도, 추위를 이겨낼 수도, 밤에 어둠을 밝힐 수도 없을 거예요. 이처럼 불은 우리 생활과 뗄 수 없는 소중한 것이랍니다. 그래서 옛날부터 사람들은 불에 신이 있다고 믿었지요. 우리 조상들도 불의 신으로 '조왕신'을 섬겼답니다.

조왕신은 부뚜막과 아궁이를 다스리는 신이랍니다. 아궁이는 불을 때서 음식을 하는 곳이고, 부뚜막은 그 위에 솥을 걸어 놓기 위해 만들어 놓은 평평한 곳으로 둘 다 부엌에 있지요. 옛날 어머니들은 매일 아침 아궁이에 불을 때기 전에, 조왕신을 위해 부뚜막에 물 한 대접을 떠 놓고는 불꽃처럼 집안이 활활 일어나게 해달라고 빌었답니다. 비록 물 한 대접이지만, 어머니의 정성을 어여삐 여긴 조왕신이 집안을 돌봐 줄 거라고 믿은 거죠. 여러분도 작은 일에 정성을 들여 보세요. 반드시 좋은 일이 생길 거예요.

13회

머리 풀어주는 퍼즐

도전 시간	걸린 시간
00 분 20 초	분 초

창의사고력 기초 다지기 · 판단능력 쑥~

종이로 딱지 모양을 접고 있습니다. 다음에 이어질 그림은 무엇일까요?

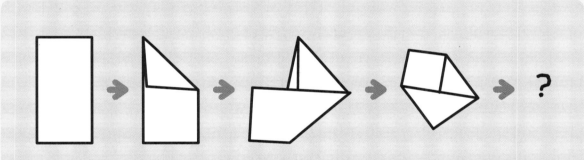

①  ②  ③  ④

번

61

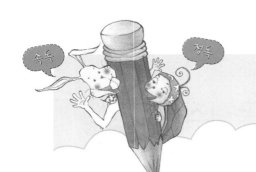

도전시간

| 5 분 | 40 초 |

걸린시간

| 분 | 초 |

● 오늘의 읽기 자료입니다. 잘 읽고 문제를 풀어 보세요.

　안녕하세요? 이 세상 모든 놀이법을 알고 있는 노리박사에요. 오늘은 땅따먹기를 알려 줄 거예요. 우선 넓은 공터로 나가세요. 그리고 마음에 드는 작은 돌을 주워요. 그럼 땅따먹기 준비가 끝난 거랍니다.

　제일 먼저, 땅에 원이나 사각형을 커다랗게 그리세요. 그리고 한 구석씩 맡으세요. 자기 집을 만들어야 하거든요. 구석에 앉아 손을 쫙 편 후, 그려놓은 원이나 사각형 선에서부터 한 뼘을 재어 집을 만들어요. 그리고는 가위바위보로 순서를 정합니다. 지금부터 본격적으로 놀이가 시작돼요. 자기 집을 시작으로 돌을 세 번 튕기는데, 마지막 세 번째엔 돌이 집으로 반드시 돌아와야 한답니다. 안 그러면 기회가 다른 사람에게 넘어가니까, 꼭 명심해야 해요. 돌을 세 번 튕기면서, 돌이 지나간 자리에 줄을 그으세요. 그은 선의 안쪽이 모두 자기 땅이 되는 거랍니다. 그만큼 자기 집의 크기가 늘어나는 거지요. 따먹을 땅이 없어질 때까지 계속하면 돼요. 가장 많은 땅을 차지한 사람이 이기는 거지요.

　어때요? 이름 그대로 누가 더 많이 땅을 따 먹나 시합하는 거예요. 주로 넓은 공터에서 하지만 때로는 도화지 위에다 지우개를 돌삼아 해도 된답니다.

　그럼, 친구들이랑 재미나게 땅따먹기를 해 보세요.

① 핵심어 찾기

다음은 위 글과 관련된 낱말들입니다. 가장 좁은 뜻을 지닌 단어를 찾아 ✔하세요. 표시한 낱말이 위 글에서 가장 중요한 핵심어입니다.

문제 개수 [1 개]

맞은 개수 ◯ 개

틀린 개수 ◯ 개

▢ 전래놀이　　▢ 놀이　　▢ 땅따먹기

62

♥ 다음 보기 를 이용해서 ❷~❸번 문제를 풀어 보세요.

보기 ① 원   ② 집   ③ 구석
     ④ 세 번째   ⑤ 많은 땅   ⑥ 작은 돌

❷
글의 짜임
그리기

다음은 위 글의 내용을 한눈에 볼 수 있도록 정리한 표입니다. 빈칸에 보기 의 ①~⑥을 알맞게 넣어 표를 완성해 보세요.

문제 개수 4 개

맞은
개수   개
틀린
개수   개

땅따먹기 놀이하는 법

장 소 : 넓은 공터
준비물 : ㉮
땅에 원이나 사각형을 커다랗게 그린다.

⇨

손으로 한 뼘씩 재어 구석에다
㉯   을 만든다.

⇩

순서를 정한 후, 집에서부터 돌을 세 번 튕기며 선을 긋는다. 이 때, 선 안쪽의 땅은 자기 것이 되며, ㉰   에 돌이 집으로 돌아오지 않으면 기회가 넘어간다.

⇦

따먹을 땅이 없어질 때까지 한 후, 가장 ㉱   을 차지한 사람이 이긴다.

❸
요약
하기

다음은 위 글의 중심 내용을 요약한 것입니다. 빈칸에 보기 의 ①~⑥을 알맞게 넣어 요약 글을 완성해 보세요.

문제 개수 2 개

맞은
개수   개
틀린
개수   개

　　넓은 공터에서 하는 놀이인 땅따먹기는 작은 돌만 준비하면 됩니다. 놀이 방법은 다음과 같습니다. 우선, 땅에 ㉮   이나 사각형을 커다랗게 그린 후, 손으로 한 뼘씩 재어 한 ㉯   에 집을 만듭니다. 차례대로 자기 집에서부터 돌을 세 번 튕기며 선을 긋습니다. 선 안쪽의 땅은 자기 것이 됩니다. 단, 세 번째 튕긴 돌이 집으로 돌아오지 않으면 다음 사람이 놀이를 합니다. 따먹을 땅이 없을 때까지 하며, 가장 많은 땅을 차지한 사람이 이깁니다.

63

④ 제목
달기

문제 개수 **4**개

맞은
개수 ◯ 개

틀린
개수 ◯ 개

다음은 위 글의 제목 후보입니다. 먼저, 위 글의 제목으로 가장 알맞은 것을 골라 빈칸에 ○를 하세요. 그런 다음, 주어진 조건에 맞게 ×, △, □를 표시하세요. (단, ○는 딱한 개만 고르세요.)

| ○ 가장 알맞아요! | × 전혀 관계가 없어요! | △ 글보다 범위가 좁아요! | □ 글보다 범위가 넓어요! |

다양한 전래놀이 ▢

전래놀이의 유래 ▢

땅따먹기의 준비물 ▢

땅따먹기 놀이하는 법 ▢

총 문제 개수 **11**개 │ 총 맞은 개수 ◯ 개 │ 총 틀린 개수 ◯ 개

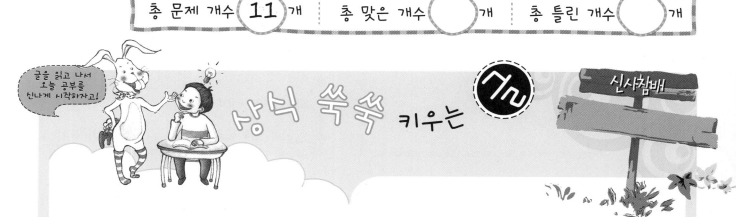

상식 쑥쑥 키우는 72 신사참배

글을 읽고 나서 오늘 공부를 신나게 시작하자고!

　신도는 일본의 국가주의적인 공식 종교다. 일본은 전통적으로 가미[神]·천황·국민·국가는 모두 조상이 같으며, 인간의 정치와 신의 뜻이 일치할 때 번영한다고 생각했다. 메이지 시대(1868~1912)에 일본 정부는 신도를 제도화했다. 정부는 신사(神社)를 관리하고 다른 종교를 제한하는 정책을 채택했으며, 일본 국민에게 신사 참배를 강요했고, 학교에서는 신도식 수양을 가르쳤다. 또한 신사를 중심으로 천황도 신격화하여 자국 국민의 정신적 지배는 물론, 군국주의적 침략 정책 및 식민지 지배에도 이용했다. 그래서 한국인에게 강제로 신사 참배를 하게 했다.

　1945년 미 점령군은 국가 신도를 폐지하고 정부의 신사 보조금과 지원을 금지했으며 천황의 신성을 부정하는 포고령을 발표했다. 이는 전후 헌법에도 이어졌다. 지금도 일부에서 종교적인 성격보다는 정치 원리와 국민 통합을 상징하는 국가 신도를 부활시키려는 움직임이 있어 비난을 받는다.

64

14회

머리 풀어주는

공부를 시작할 때도 준비운동이 필요하다고! 하나둘 하나둘

도전 시간	걸린 시간
00 분 20 초	분 초

창의사고력 기초 다지기 정보처리능력 쑥~

짝수는 짝수끼리 홀수는 홀수끼리 있도록 원을 4부분으로 나누어 보세요.

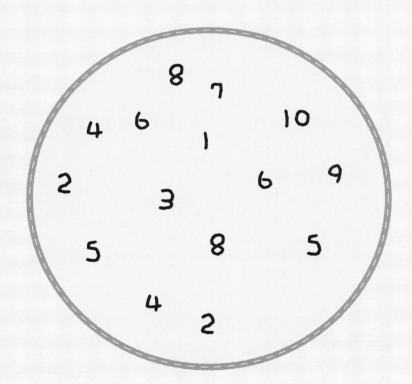

도전시간

| 5 분 | 20 초 |

걸린시간

| 분 | 초 |

● 오늘의 읽기 자료입니다. 잘 읽고 문제를 풀어 보세요.

　　술래잡기를 할 때 가장 먼저 하는 게 뭘까요? 그건 바로 가위바위보랍니다. 그래야 술래를 정할 수 있으니까요. 우리나라 말고도 중국, 일본, 인도, 이탈리아 등에서도 가위바위보를 한답니다. 우리나라의 가위는 사람을, 바위는 땅을, 보는 하늘을 뜻하지만, 나라마다 가위바위보에 담긴 의미가 다르답니다.

　　중국에서는 가위바위보를 '란찡펑'이라고 합니다. 엄지는 개구리, 검지는 뱀, 새끼손가락은 달팽이를 뜻하는데, 엄지(개구리)는 새끼손가락(달팽이)을, 새끼손가락(달팽이)은 검지(뱀)를, 검지(뱀)는 엄지(개구리)를 이깁니다.

　　인도의 가위바위보도 마찬가지입니다. 인도의 가위는 쥐, 바위는 호랑이, 보는 코끼리를 뜻하는데, 코끼리(보)는 쥐(가위)한테, 호랑이(바위)는 코끼리(보)한테, 쥐(가위)는 호랑이(바위)한테 지고 말지요.

　　가위바위보는 비록 단순한 놀이지만 우리에게 중요한 사실을 일깨워 줍니다. 사람·땅·하늘 중에 제일 소중한 것도 없고, 개구리·달팽이·뱀 그리고 코끼리·쥐·호랑이 중에 가장 강한 동물도 없다는 것이지요. 모두 소중하고 강하니, 더불어 살아가야 한다는 지혜를 알려 준답니다.

①
핵심어
찾기

다음 낱말들이 위 글에서 몇 번씩 나왔는지 세어 보세요. 많이 등장한 낱말일수록 글의 주제와 관련이 깊은 핵심어입니다.

문제 개수 **3** 개

맞은
개수 ⬭ 개

틀린
개수 ⬭ 개

중국	가위바위보	란찡펑

♥ 다음 보기 를 이용해서 ❷~❸번 문제를 풀어 보세요.

보기 ① 보는 코끼리 ② 가위는 사람 ③ 엄지(개구리)를 이긴다

④ 더불어 살아가라 ⑤ 인도 ⑥ 중국

❷ 글의 짜임
그리기

문제 개수 4 개

맞은 개수 ◯ 개

틀린 개수 ◯ 개

다음은 위 글의 내용을 한눈에 볼 수 있도록 정리한 표입니다. 빈칸에 보기 의 ①~⑥을 알맞게 넣어 표를 완성해 보세요.

가위바위보		
무엇일까	놀이에서 술래나 순서를 정하는 방법 중에 하나	
놀이를 하는 나라는	한국	• ㉮⬚⬚⬚⬚⬚⬚, 바위는 땅, 보는 하늘을 뜻한다. • 가위(사람)는 보(하늘)를, 보(하늘)는 바위(땅)를, 바위(땅)는 가위(사람)를 이긴다.
	㉯	• 엄지는 개구리, 검지는 뱀, 새끼손가락은 달팽이를 뜻한다. • 엄지(개구리)는 새끼손가락(달팽이)을, 새끼손가락(달팽이)은 검지(뱀)를, 검지(뱀)는 ㉰⬚⬚⬚⬚⬚
	인도	• 가위는 쥐, 바위는 호랑이, ㉱⬚⬚⬚⬚⬚를 뜻한다. • 가위(쥐)는 보(코끼리)를, 보(코끼리)는 바위(호랑이)를, 바위(호랑이)는 가위(쥐)를 이긴다.
그 의미	모두 소중하고 강하므로 함께 더불어 살아가라.	

❸ 요약
하기

문제 개수 2 개

맞은 개수 ◯ 개

틀린 개수 ◯ 개

다음은 위 글의 중심 내용을 요약한 것입니다. 빈칸에 보기 의 ①~⑥을 알맞게 넣어 요약 글을 완성해 보세요.

　놀이에서 술래나 순서를 정할 때 하는 가위바위보는 우리나라뿐만 아니라 중국과 인도에도 있습니다.

　우리나라에서 가위는 사람을, 바위는 땅을, 보는 하늘을 뜻한답니다. 중국에서 엄지는 개구리를, 검지는 뱀을, 새끼손가락은 달팽이를 의미하지요. ㉮⬚⬚⬚⬚⬚에서 가위는 쥐를, 바위는 호랑이를, 보는 코끼리를 뜻합니다.

　그런데, 가위든 보든 바위든 늘 이기기만 하는 것은 없습니다. 이는 우리에게 세상 모든 것이 소중하고 강하므로 ㉯⬚⬚⬚⬚⬚는 의미를 일깨워 줍니다.

④ 제목 달기

다음은 위 글에 가장 어울리는 제목을 찾는 과정입니다. 서로 관계 있는 것끼리 줄로 이으세요.

중국의 가위바위보 ★   ★ 이 글의 제목으로 딱 좋아!

손으로 하는 놀이 ★   ★ 범위가 너무 좁아!

여러 나라의 가위바위보 ★   ★ 이 글과 상관없는 제목이야!

총 문제 개수 (12) 개   총 맞은 개수 ( ) 개   총 틀린 개수 ( ) 개

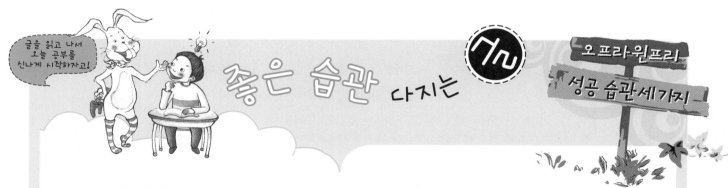

좋은 습관 다지는 7교시

오프라 윈프리 성공 습관 세 가지

글을 읽고 나서 오늘 공부를 신나게 시작하자고!

오프라 윈프리는 미국의 유명한 방송인으로, '오프라 윈프리 쇼'라는 세계적으로 유명한 프로그램을 진행합니다. 그녀의 성공 습관을 알아볼까요?

사회적으로 높고 낮음을 가리지 않고 공평하다 : 오프라 윈프리는 자신의 이름을 내건 쇼에 출연하는 모든 사람들을 편하게 안아 줍니다. 안음으로써 마음의 벽을 허물고 허심탄회하게 이야기를 나눌 수 있다고 합니다.

나를 위한 강력한 지지자를 만든다 : 오프라 윈프리는 자신의 팬에게 직접 편지를 쓴다고 합니다. '나를 위한 강력한 지지자'가 자신에게 얼마나 중요한 존재인지 알기 때문입니다.

선행을 배푼다 : 자신이 버는 돈의 10%를 자선 단체에 익명으로 기부합니다. 비영리 조직인 오프라윈프리재단은 1년에 약 1500억 원 정도의 돈을 사회에 환원합니다.

15회

머리 풀어주는 퍼즐

창의사고력 기초 다지기   계산능력 쏙~

가로 숫자들의 합과 세로 숫자들의 합이 모두 9가 되도록 빈칸을 채워 보세요.

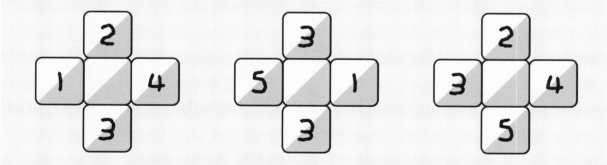

빠르고 **정확**하게 **읽기**

속독 정독

도전시간

6 분	10 초

걸린시간

분	초

● 오늘의 읽기 자료입니다. 잘 읽고 아래 문제들을 풀어 보세요.

클릭군   뻥차군

사회자 : 오늘은 어린이들이 어떤 놀이를 좋아하는지 알아 보겠습니다. 뻥차 군은 친구들과 뭘 하고 노나요?

뻥차 군 : 공차기나 자전거 타기를 해요. 요즘엔 특히 공차기를 많이 해요.

사회자 : 뻥차 어린이는 밖에서 몸을 움직이며 노는 걸 좋아하는군요.

뻥차 군 : 네. 공을 차고 나면 땀이 흠뻑 나서 기분이 좋아져요. 그리고 여러 명이 함께 놀 수 있어 좋아요. 공터에서 하니까 마음도 뻥 뚫리는 것 같아요.

사회자 : 그럼, 친구들과 공차기를 할 때 축구 경기의 규칙대로 하나요?

뻥차 군 : 아니요. 그냥 할 때마다 맘대로 정해서 해요. 그래서 더 재미있어요.

사회자 : 그렇군요. 그럼, 클릭 군도 축구를 좋아하나요?

클릭 군 : 전 인터넷 게임을 좋아해요. 밖에서 노는 걸 별로 좋아하지 않거든요.

사회자 : 실내에만 있으면 좀 답답하지 않나요?

클릭 군 : 친구들과 인터넷에서 만나니까 답답하지 않아요. 게임마다 정해진 규칙대로만 하면 되니까, 친구들과 다툼도 없고 오히려 좋아요.

사회자 : 뻥차 군과 클릭 군은 좋아하는 놀이와 그 이유가 다르군요. 여러분도 어느 놀이가 더 재미있고 좋은지, 그 이유는 무엇인지 생각해 보세요.

①핵심어 찾기

다음 낱말들 중에 위 글에 나온 낱말의 빈칸에 동그라미 하세요. 동그라미 한 낱말들이 위 글의 주제와 관련된 핵심어입니다.

문제 개수 **7** 개

맞은 개수 ⬚ 개

틀린 개수 ⬚ 개

줄넘기	놀이	공차기	인터넷	인터넷 게임	보드게임	땀

70

다음 〈보기〉를 이용해서 ❷~❸번 문제를 풀어 보세요.

보기
① 뻥차 군
② 놀이
③ 규칙대로만 하면
④ 땀을 흘리면
⑤ 공차기
⑥ 인터넷 게임

❷ 글의 짜임 그리기

다음은 위 글의 내용을 한눈에 볼 수 있도록 정리한 표입니다. 빈칸에 보기의 ①~⑥을 알맞게 넣어 표를 완성해 보세요.

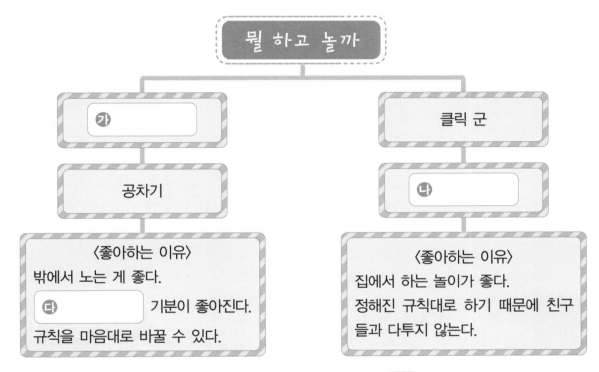

뭘 하고 놀까

⑦

클릭 군

공차기

⑭

〈좋아하는 이유〉
밖에서 노는 게 좋다.
⑮   기분이 좋아진다.
규칙을 마음대로 바꿀 수 있다.

〈좋아하는 이유〉
집에서 하는 놀이가 좋다.
정해진 규칙대로 하기 때문에 친구들과 다투지 않는다.

❸ 요약하기

다음은 위 글의 중심 내용을 요약한 것입니다. 빈칸에 보기의 ①~⑥을 알맞게 넣어 요약 글을 완성해 보세요.

　　뻥차 군과 클릭 군은 서로 좋아하는 ⑦   가 다릅니다. 뻥차 군은 친구들과 ⑭   를 하면서 놉니다. 뻥차 군은 밖에서 놀면서 땀을 흘리면 기분이 좋아지기 때문입니다. 그리고 규칙을 마음대로 바꿀 수 있어서 더욱 재미있다고 합니다.

　　반면, 클릭 군은 인터넷 게임을 합니다. 클릭 군은 집에서 노는 것을 더 좋아하기 때문입니다. 그리고 인터넷 게임은 정해진 ⑮   친구들과 다투지 않고 사이좋게 놀 수 있다고 합니다.

다음은 위 글의 제목 후보입니다. 먼저, 위 글의 제목으로 가장 알맞은 것을 골라 빈칸에 ○를 하세요. 그런 다음, 주어진 조건에 맞게 ×, △, □를 표시하세요. (단, ○는 딱 한 개만 고르세요.)

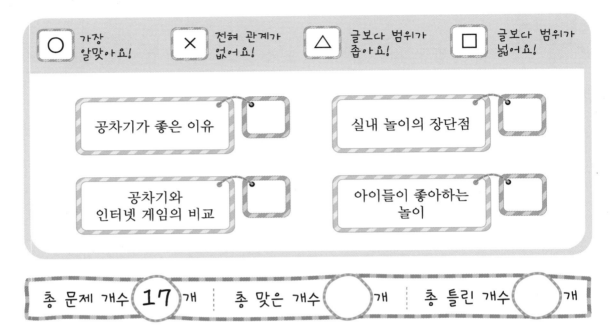

| ○ 가장 알맞아요! | × 전혀 관계가 없어요! | △ 글보다 범위가 좁아요! | □ 글보다 범위가 넓어요! |

| 공차기가 좋은 이유 ○ | 실내 놀이의 장단점 ○ |
| 공차기와 인터넷 게임의 비교 ○ | 아이들이 좋아하는 놀이 ○ |

총 문제 개수 17 개 | 총 맞은 개수 ◯ 개 | 총 틀린 개수 ◯ 개

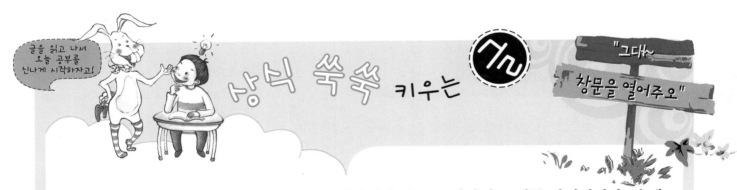

상식 쑥쑥 키우는 72

"그대~ 창문을 열어주오"

세레나데(Serenade)는 밤에 연인의 집 창가에서 부르는 사랑의 노래를 가리킵니다. 슈베르트의 세레나데, 토스티의 세레나데 등과 같이 달콤한 애정이 넘치는 가곡이 유명하죠. 이탈리아에서는 디베르띠멘또(Divertimento 여흥, 기분 전환) 노뚜르노(Notturno 야상곡), 카사티온 (Kassation 휴식) 등으로 불렸습니다.

세레나데의 창시자는 모차르트입니다. 세레나데는 주로 기악 합주곡이며, 몇 개의 악장이 모여 한 곡을 이루고, 각 악장의 악곡 형식은 자유롭지만 주로 단순하며 짧고 사랑스러운 곡입니다.

흔히 소야곡이라고 불리며, 실내악과 교향곡의 중간에 속하는 작품으로서 역시 왕후 귀족의 살롱과 정원에서 연주되었습니다. 모차르트는 13곡의 세레나데를 작곡했다고 합니다.

회

머리 풀어주는

도전 시간	걸린 시간
00 분 15 초	분 초

창의사고력 기초 다지기 주의집중력 쓱~

연들이 하늘에서 날아다니고 있습니다. 이 중 모양이 다른 하나는 몇 번일까요?

번

속독 정독

빠르고 **정확**하게 읽기

● 오늘의 읽기 자료입니다. 잘 읽고 문제를 풀어 보세요.

　인간이 맨 처음 사용한 에너지는 자신과 동물의 힘이었습니다. 그리고 바퀴와 지렛대를 이용해 에너지를 좀 더 효율적으로 사용했습니다. 그 후 인간은 자연의 힘을 에너지로 이용하기 위해 물레방아와 수차를 사용했답니다.

　아주 아주 오랜 세월이 지난 뒤, 16세기가 되어서 인간은 증기 기관*을 에너지로 이용하게 됩니다. 이것은 지금까지 사용한 에너지와는 비교할 수 없을 정도로 힘이 컸기 때문에, 거대한 기차와 배도 거뜬히 움직일 수 있었습니다. 증기 기관의 발명과 함께 인간은 산업혁명을 맞이합니다. 더 많은 기계를 움직이기 위해 더 강력한 에너지가 필요하게 되었고, 전기를 만들어 내는 발전기*가 등장합니다. 석탄과 석유 등의 화석 연료가 에너지로 등장한 것이지요. 그러나 화석 연료를 지나치게 사용하여 인간은 커다란 문제에 부딪혔습니다. 사용할 수 있는 화석 연료가 거의 남아 있지 않고, 환경이 오염되어 지구가 몸살을 앓고 있는 것입니다. 따라서 사람들은 석유를 대신해서 태양열·풍력·수소에너지 등을 이용한 대체 에너지 개발에 힘쓰고 있습니다.

증기 기관 : 석탄을 태워 발생하는 증기를 에너지로 만들어 내는 기계
발전기 : 화석 연료를 태울 때 발생하는 열을 전기 에너지로 만들어 내는 기계

❶ **핵심어 찾기**

다음 문장의 빈칸에 알맞은 낱말을 적어 보세요. 빈칸에 들어갈 낱말이 위 글에서 가장 중요한 핵심어입니다.

문제 개수 1 개

맞은 개수 　개
틀린 개수 　개

㉮ [　　　　　　] 란 어떤 물체가 움직이기 위해 필요한 힘을 말합니다.

74

♥ 다음 보기 를 이용해서 ❷~❸번 문제를 풀어 보세요.

보기
① 바퀴와 지렛대 ② 자연의 힘 ③ 환경 오염
④ 증기 기관 ⑤ 화석 연료의 힘 ⑥ 대체 에너지

❷ 글의 짜임 그리기

문제 개수 5 개

맞은 개수 개

틀린 개수 개

다음은 위 글의 내용을 한눈에 볼 수 있도록 정리한 표입니다. 빈칸에 보기 의 ①~⑥을 알맞게 넣어 표를 완성해 보세요.

에너지의 역사

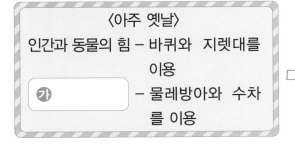

〈아주 옛날〉
인간과 동물의 힘 – 바퀴와 지렛대를 이용
㉮ ______ – 물레방아와 수차를 이용

⇨

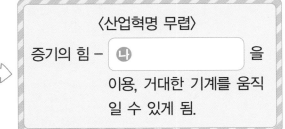

〈산업혁명 무렵〉
증기의 힘 – ㉯ ______ 을 이용, 거대한 기계를 움직일 수 있게 됨.

⇩

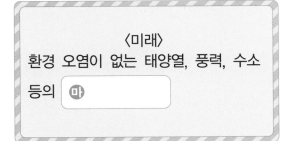

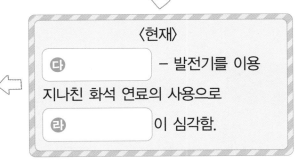

〈현재〉
㉰ ______ – 발전기를 이용
지나친 화석 연료의 사용으로 ㉱ ______ 이 심각함.

⇦

〈미래〉
환경 오염이 없는 태양열, 풍력, 수소 등의 ㉲ ______

❸ 요약 하기

문제 개수 1 개

맞은 개수 개

틀린 개수 개

다음은 위 글의 중심 내용을 요약한 것입니다. 빈칸에 보기 의 ①~⑥을 알맞게 넣어 요약 글을 완성해 보세요.

아주 오랜 옛날부터 인간은 바퀴와 지렛대를 이용해 인간과 동물의 힘을 에너지로 사용했습니다. 또한 물레방아와 수차를 이용해 자연의 힘도 에너지로 사용했습니다. 16세기가 되어서야 증기의 힘을 이용한 증기 기관을 발명하여 산업혁명을 맞이합니다. 이후 발전기를 이용하는 화석 연료가 그 뒤를 이었습니다. 그러나 지나친 화석 연료의 사용은 환경 오염을 가져왔습니다. 미래에는 환경 오염이 없는 태양열과 풍력, 수소 등의 ㉮ ______ 가 사용될 것입니다.

④
제목
달기

다음은 위 글의 제목 후보입니다. 먼저, 위 글의 제목으로 가장 알맞은 것을 골라 빈칸에 ○를 하세요. 그런 다음, 주어진 조건에 맞게 ×, △, □를 표시하세요. (단, ○는 딱 한 개만 고르세요.)

문제 개수 **4** 개

맞은 개수 ⬭ 개

틀린 개수 ⬭ 개

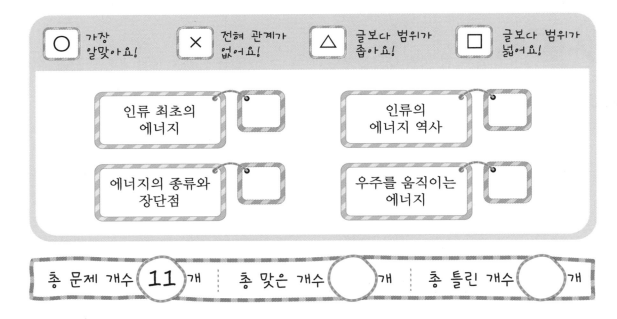

○ 가장 알맞아요! × 전혀 관계가 없어요! △ 글보다 범위가 좁아요! □ 글보다 범위가 넓어요!

인류 최초의 에너지

인류의 에너지 역사

에너지의 종류와 장단점

우주를 움직이는 에너지

총 문제 개수 **11** 개 | 총 맞은 개수 ◯ 개 | 총 틀린 개수 ◯ 개

글을 읽고 나서 오늘 공부를 신나게 시작하자고!

생각하고 되새기는

한·중·일 어른 대접

우리나라의 식사 예절은 어른이 먼저 수저를 든 다음 아랫사람이 식사를 시작해요. 일본은 어른이 문의 반대편 안쪽에 앉아요. 웃어른이나 주인이 오기 전에 먼저 앉아 있는 것이 예의고요. 중국은 입구에서 먼 쪽이 어른 자리예요. 주인은 입구를 마주보고 앉아요. 중국은 음식이 나오면 어른이 먼저 자기 그릇에 던답니다.

신기하죠! 나라가 다르지만 식사를 할 때 웃어른을 공경하는 마음은 한결같다는 것 말예요. 여러분도 어느 나라로 여행을 가든, 식사를 할 때 웃어른을 공경해야 한답니다. 그래야 예의 있는 사람으로 칭찬받으니까요.

17 회

 머리 풀어주는 퍼즐

도전 시간	걸린 시간
00 분 20 초	분 초

창의사고력 기초 다지기  쓱~

돌아가는 시계가 있습니다. 보기의 시계와 같은 시간을 가리키는 시계를 찾아 보세요.

보기

❶

❷
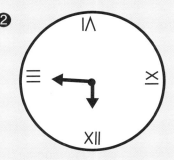

❸
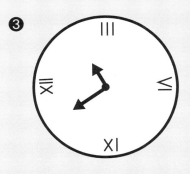

❹

 번

도전시간

| 6 분 | 00 초 |

걸린시간

| 분 | 초 |

● 오늘의 읽기 자료입니다. 잘 읽고 문제를 풀어 보세요.

'영화를 보려면 자전거를 타라.'

조금은 생뚱맞은 이 말은, 산청에 있는 민들레 학교의 생활 규칙이다. 이 학교의 마당에는 자전거 3대가 나란히 놓여 있다. 겉모습만 자전거일 뿐 마당을 신나게 달리지는 못한다. 왜냐하면 자전거 발전기이기 때문이다. 민들레 학교의 학생들은 틈이 나면 부지런히 자전거 페달을 밟아 학교에서 사용할 전기를 직접 만들어 낸다. 자전거를 1시간 타면 선풍기 한 대가 4시간 동안 돌아가고, 2시간 타면 2층 건물의 전등이 8시간 동안 환하다고 한다.

민들레 학교에는 자전거 발전기 말고도 신기한 것들이 더 있다. 태양열 오븐 조리기와 바이오 가스레인지다. 학생들은 태양열 오븐 조리기를 이용해 빵을 구워 먹는데, 햇볕이 좋은 날엔 오븐 조리기의 온도가 600도까지 올라간다고 한다. 바이오 가스레인지에 사용되는 가스는 소똥으로 학생들이 직접 만든다. 소똥과 물을 섞어 발효시키면 가스가 만들어지는데, 이를 이용해 밥을 짓는다고 한다.

필요한 에너지는 직접 만들어 내는 민들레 학교 학생들은 오늘도 영화 한 편을 보기 위해, 햇님표 빵을 입에 물고 부지런히 자전거를 탄다.

❶ 핵심어 찾기

다음은 위 글과 관련된 낱말들입니다. 가장 넓은 뜻을 지닌 단어를 찾아 ✔하세요. 표시한 낱말이 위 글에서 가장 중요한 핵심어입니다.

문제 개수 1 개

맞은 개수 ◯ 개

틀린 개수 ◯ 개

☐ 대체 에너지   ☐ 바이오 가스레인지   ☐ 태양 에너지   ☐ 자전거 발전기

78

♥ 다음 보기를 이용해서 ❷～❸번 문제를 풀어 보세요.

보기
① 바이오 가스레인지 　　　　② 자전거 발전기
③ 소똥 　　　　　　　　　　④ 태양열 오븐 조리기

❷
글의 짜임
그리기

다음은 위 글의 내용을 한눈에 볼 수 있도록 정리한 표입니다. 빈칸에 보기의 ①～④를 알맞게 넣어 표를 완성해 보세요.

문제 개수 3 개

맞은
개수 　개

틀린
개수 　개

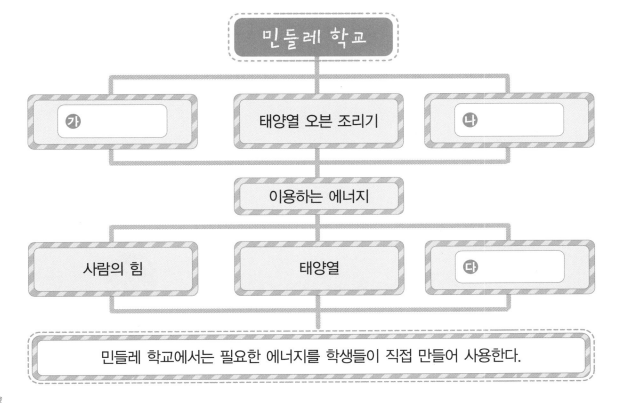

민들레 학교

　⑦　　　　태양열 오븐 조리기　　　　⑭

이용하는 에너지

사람의 힘　　　　태양열　　　　⑮

민들레 학교에서는 필요한 에너지를 학생들이 직접 만들어 사용한다.

❸
요약
하기

다음은 위 글의 중심 내용을 요약한 것입니다. 빈칸에 보기의 ①～④를 알맞게 넣어 요약 글을 완성해 보세요.

문제 개수 1 개

맞은
개수 　개

틀린
개수 　개

　사람의 힘, 태양 그리고 소똥은 민들레 학교의 에너지다. 쉬는 시간이면, 학생들은 교실을 밝힐 전기를 만들기 위해 자전거 발전기의 페달을 부지런히 밟는다. 빵을 구울 때는 ⑦　　　　　　　　　　를 이용하고, 밥을 지을 때는 소똥을 물과 발효시킨 가스를 사용하는 가스레인지를 이용한다. 민들레 학교에서는 필요한 에너지를 학생들이 직접 만들어 사용한다.

④ 제목 달기

다음은 위 글에 가장 어울리는 제목을 지어 보는 과정입니다. 보기에 주어진 단어를 이용해서 제목을 달아 보세요.

문제 개수 **4** 개

맞은 개수 ◯ 개

틀린 개수 ◯ 개

| 보기 | 만드는 | 민들레 | 에너지를 | 학교 |

총 문제 개수 **6** 개 | 총 맞은 개수 ◯ 개 | 총 틀린 개수 ◯ 개

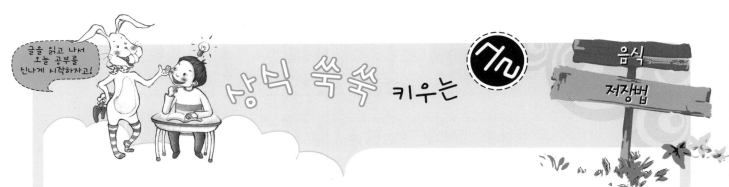

상식 쑥쑥 키우는 72

음식 저장법

글을 읽고 나서 오늘 공부를 신나게 시작하자고!

음식 저장은 수확이 없을 때 굶지 않기 위해 필요하답니다. 인공적으로 음식이 부패하지 않게 만드는 거지요.

소금을 넣어 탈수시킨 젓갈류, 장아찌, 생선 자반, 일본의 우메보시 등이 있고, 설탕을 넣어 달게 보관하는 잼이나 젤리류가 있어요. 간장, 된장, 고추장 등의 장류나 김치, 청국장, 치즈, 요구르트는 발효시켜 보관하는 방법이랍니다. 또 고기를 오래 보관하기 위해 불을 피워 연기를 쏘인 것을 훈제라고 하는데 소시지, 햄이 대표적이지요.

이외에도 말려 보관하는 곶감, 부각, 김, 명태 같은 것도 있고 얼려서 보관하는 냉동법도 있어요. 또 땅속에 구덩이를 파서 과일이나 무를 보관하는 움 저장도 있어요. 음식이 공기에 닿는 걸 막는 통조림, 병조림도 좋은 음식 저장법 중의 하나랍니다.

18 회

머리 풀어주는 퍼즐

도전 시간	걸린 시간
00 분 20 초	분 초

창의사고력 기초 다지기   판단능력   쑥~

여러 방향으로 날아가는 화살이 있습니다. 모양이 다른 화살 하나를 찾
아 보세요.

❶

❷

❸

❹

 번

도전시간

| 5 분 | 40 초 |

걸린시간

| 분 | 초 |

● 오늘의 읽기 자료입니다. 잘 읽고 문제를 풀어 보세요.

○○년 ○월 ○일

　오늘 에너지 수업에서 서울이 '전기 먹는 하마'라는 걸 알았다. 서울의 전기 사용량은 우리나라 전체 전기 사용량의 40% 정도에 이른단다. 그런데 서울은 그 중 4%만을 스스로 만들어 낼 뿐이고, 나머지는 몽땅 다른 곳에서 가지고 온다는 것이다. 우리나라의 발전소는 대부분 동해안과 서해안에 있지만, 서울과 같은 대도시에서 전기를 많이 사용한다. 그래서 해안가에서 도시로 전기를 보내기 위해 송전탑을 세워야 하는데, 주민들의 반대가 심하다고 한다. 송전탑을 세우면 보기에도 안 좋고 전자파가 발생하기 때문이란다. 나는 발전소와 송전탑이 있는 곳에 사는 사람들에게 미안했다. 도시에 사는 사람일수록 더욱 전기를 아껴야 한다는 생각이 들었다. 집에 오자마자, 오늘 배운 전기 절약 방법을 커다랗게 적어서 거실에 붙여 놓았다.

　첫째, 사용하지 않는 전자제품의 플러그는 무조건 뽑는다.

　둘째, 여름엔 적정 실내 온도를 지킨다.

　셋째, 겨울엔 내복을 꼭 입는다.

　넷째, 에너지 효율 등급이 높은 가전제품을 사용한다.

　다섯째, 수돗물도 전기로 만들 수 있는 거니까 꼭 아껴 쓴다.

　우리 가족은 오늘부터 이대로 실천하기로 다짐했다. 에너지 절약 가족이 되는 그날까지!

①
핵심어
찾기

다음 낱말들 중에 위 글에 나온 낱말의 빈칸에 동그라미 하세요. 동그라미한 낱말들이 위 글의 주제와 관련된 핵심어입니다.

문제 개수 **7** 개

맞은 　 개
개수

틀린 　 개
개수

서울	대도시	전기	핵발전소	사용량	화석 연료	절약

♥ 다음 [보기]를 이용해서 ❷~❸번 문제를 풀어 보세요.

[보기] ① 실내 온도   ② 전자제품   ③ 플러그
      ④ 수돗물   ⑤ 도시   ⑥ 내복

❷
글의 짜임
그리기

문제 개수 3 개

맞은
개수 ⃝ 개

틀린
개수 ⃝ 개

다음은 위 글의 내용을 한눈에 볼 수 있도록 정리한 표입니다. 빈칸에 [보기]의 ①~⑥을 알맞게 넣어 표를 완성해 보세요.

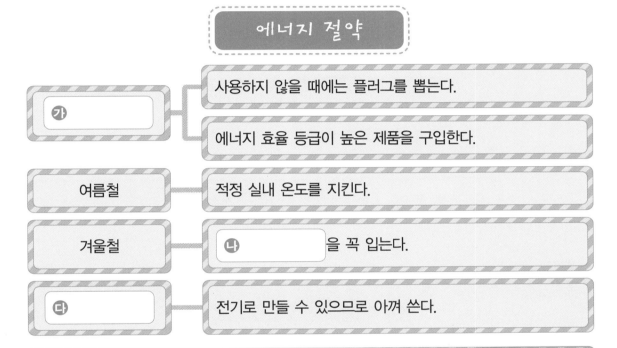

에너지 절약

㉮	사용하지 않을 때에는 플러그를 뽑는다.
	에너지 효율 등급이 높은 제품을 구입한다.
여름철	적정 실내 온도를 지킨다.
겨울철	㉯ 을 꼭 입는다.
㉰	전기로 만들 수 있으므로 아껴 쓴다.

특히, 우리나라 전기 생산량의 대부분을 사용하는 도시 사람들은 더욱 에너지를 절약해야 한다.

❸
요약
하기

다음은 위 글의 중심 내용을 요약한 것입니다. 빈칸에 [보기]의 ①~⑥을 알맞게 넣어 요약 글을 완성해 보세요.

문제 개수 3 개

맞은
개수 ⃝ 개

틀린
개수 ⃝ 개

집에서 에너지를 절약하기 위해서는 우선, 사용하지 않는 전자제품의 ㉮ 는 뽑아 두고, 에너지 효율 등급이 높은 제품으로 구입한다. 여름철에는 적정 ㉯ 를 지키고, 겨울철에는 내복을 꼭 입는다. 수돗물도 전기로 만들 수 있는 것이므로 아껴서 사용한다. 특히, 우리나라 전기 생산량의 대부분을 사용하는 ㉰ 사람들은 더욱 에너지를 절약해야 한다.

④ 제목 달기

다음은 위 글의 제목 후보입니다. 먼저, 위 글의 제목으로 가장 알맞은 것을 골라 빈칸에 ○를 하세요. 그런 다음, 주어진 조건에 맞게 ×, △, □를 표시하세요. (단, ○는 딱 한 개만 고르세요.)

문제 개수 3 개

맞은 개수 ⬚ 개

틀린 개수 ⬚ 개

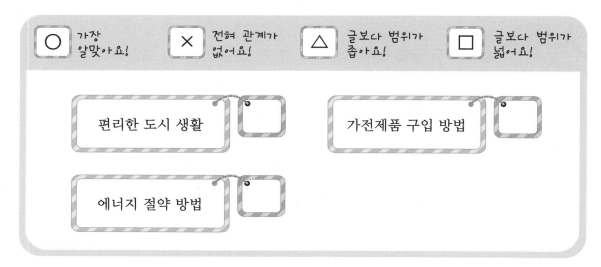

| ○ 가장 알맞아요! | × 전혀 관계가 없어요! | △ 글보다 범위가 좁아요! | □ 글보다 범위가 넓어요! |

편리한 도시 생활 ⬚

가전제품 구입 방법 ⬚

에너지 절약 방법 ⬚

총 문제 개수 ⟨16⟩ 개 │ 총 맞은 개수 ◯ 개 │ 총 틀린 개수 ◯ 개

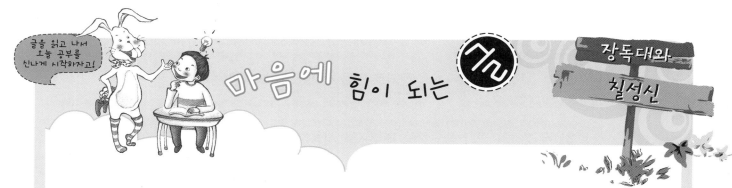

글을 읽고 나서 오늘 공부를 신나게 시작하자고!

마음에 힘이 되는 글

장독대의 칠성신

우리나라 사람들이 외국에 가면 꼭 찾는 것이 있다고 합니다. 바로 매운 고추장이랍니다. 지금은 고추장·된장·간장 등을 손쉽게 사서 먹지만, 옛날에는 모두 집에서 일일이 담가 먹었습니다. 따라서 장맛이 그 집의 음식 맛을 결정했기 때문에, 정성스레 담근 장을 지키는 장독대를 소중하게 여겼지요.

그런 이유로 옛날 사람들은 장독대에도 신이 있다고 여겼는데, 그 신이 바로 '칠성신'이랍니다. 옛날 어머니들은 장맛을 변하게 하는 귀신을 쫓기 위해 장이 담긴 독에 붉은 고추와 흰 한지로 금줄을 치고 검은 숯을 독안에 띄우기도 했습니다. 그러고는 칠성신에게 장맛을 지켜 달라고 빌면서 가족들의 건강도 함께 빌었답니다. 칠성신이 사람의 수명을 다스리고 비를 내리게 한다고 믿었기 때문이랍니다.

84

창의사고력 기초 다지기 〉 정보처리능력 쑥~

다음 세 도형이 하나씩만 들어가도록 칸을 묶어 보세요.

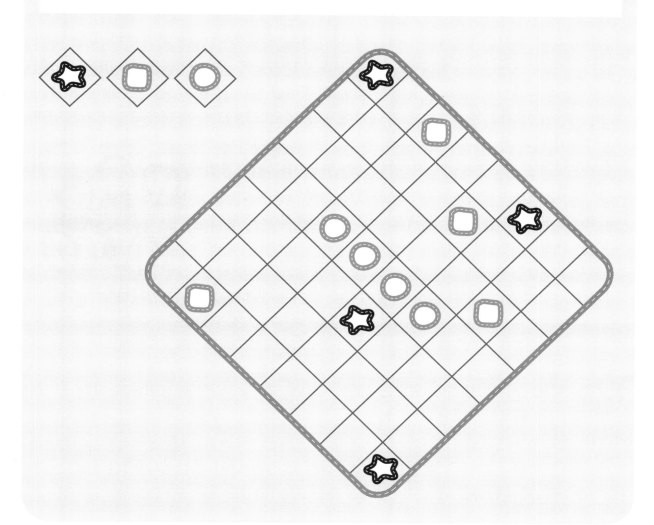

빠르고 정확하게 읽기

○ 오늘의 읽기 자료입니다. 잘 읽고 문제를 풀어 보세요.

손으로 대화를 나누는 청각 장애인, 지팡이로 바닥을 톡톡 치며 걷는 시각 장애인, 휠체어에 앉는 지체 장애인. 사람들은 그들을 힐끔거리며 쳐다보거나 일부러 다른 곳만을 바라보는데, 이는 장애인에 대한 그릇된 생각을 갖고 있기 때문이지요.

장애인은 신체적·정신적으로 완전하지 못해 생활에 어려움을 겪는 사람들일 뿐입니다. 완전하지 못하다는 것은 부족하거나 모자람을 뜻하는 것이 아니라, 그저 장애인이 지닌 특징일 뿐입니다. 따라서 색안경을 끼고 장애인을 바라보지 말고 나와 똑같은 사람으로 받아들여야 합니다. 그리고 장애인에 대한 예절을 지켜야 합니다. 첫째, 지체 장애인이 도움을 요청할 때만 휠체어를 밀어 주세요. 원하지 않는 도움은 오히려 실례입니다. 둘째, 지적 장애인에게 함부로 반말을 하지 마세요. 어려 보이지만 나이가 많을 수 있습니다. 셋째, 청각 장애인 앞에서 함부로 말하지 마세요. 청각 장애인은 상대방의 표정이나 입모양만으로도 이해할 수 있습니다. 넷째, 시각 장애인을 돕는 안내견에게 먹을 것을 주지 마세요. 엉뚱하게 움직여 주인이 곤란을 겪을 수 있습니다.

우선 나부터 장애인에 대한 예절을 지킵시다. 나의 작은 실천이 사회로 번져나가, 결국엔 장애인이 살기 좋은 나라가 될 것입니다.

핵심어 찾기 ①

문제 개수 1개

맞은 개수 ⌣ 개

틀린 개수 ⌣ 개

다음 문장의 빈칸에 알맞은 낱말을 적어 보세요. 빈칸에 들어갈 낱말이 위 글에서 가장 중요한 핵심어입니다.

| 가 | 은 신체적·정신적 조건이 달라 생활에 어려움을 겪는 사람

을 말합니다.

♥ 다음 보기 를 이용해서 ❷～❸번 문제를 풀어 보세요.

보기 　① 예절　　　　② 반말　　　　③ 똑같은 사람
　　　④ 조건이 달라　⑤ 안내견　　　⑥ 휠체어

❷
글의 짜임
그리기

다음은 위 글의 내용을 한눈에 볼 수 있도록 정리한 표입니다. 빈칸에 보기 의 ①～⑥을 알맞게 넣어 표를 완성해 보세요.

문제 개수 4 개

맞은
개수 　　개

틀린
개수 　　개

장애인에 대한 예절을 지키자

장애인이란? 신체적 · 정신적으로 **㉮** 생활에 어려움을 겪는 사람

장애인을 대하는 바람직한 태도는?
- 색안경을 끼지 말고 나와 **㉯** 으로 받아들인다.
- 나부터 장애인에 대한 예절을 지킨다.

장애인에 대한 예절은?
- 지체 장애인 : 도움을 요청할 때만 **㉰** 밀어주기
- 지적장애인 : 함부로 **㉱** 을 하지 않기
- 청각 장애인 : 함부로 말하지 않기
- 시각 장애인 : 안내견에게 먹을 것을 주지 않기

❸
요약
하기

다음은 위 글의 중심 내용을 요약한 것입니다. 빈칸에 보기 의 ①～⑥을 알맞게 넣어 요약 글을 완성해 보세요.

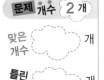
문제 개수 2 개

맞은
개수 　　개

틀린
개수 　　개

　　장애인은 나와 신체적 · 정신적 조건이 다를 뿐입니다. 따라서 나와 똑같은 사람으로 받아들이고, 장애인을 위해 정해 놓은 **㉮** 을 지켜야만 합니다. 지체 장애인은 도움을 요청할 때에만 휠체어를 밀어 줍니다. 지적 장애인에게는 함부로 반말을 사용해선 안 되며, 청각 장애인 앞에서 함부로 말하지 않습니다. 그리고 시각 장애인의 **㉯** 에게 마음대로 먹을 것을 주어서는 안 됩니다.

④ 제목 달기

다음은 위 글에 가장 어울리는 제목을 찾는 과정입니다. 서로 관계 있는 것끼리 줄로 이으세요.

문제 개수 **4** 개

맞은 개수 ◯ 개

틀린 개수 ◯ 개

지체 장애인에 대한 예절 ★　　　★ 이 글의 제목으로 딱 좋아!

장애인이 살기 좋은 나라 ★　　　★ 범위가 너무 좁아!

장애인을 위한 시설 ★　　　★ 이 글과 상관없는 제목이야!

장애인에 대한 예절 ★　　　★ 범위가 너무 넓어!

총 문제 개수 **11** 개 ┊ 총 맞은 개수 ◯ 개 ┊ 총 틀린 개수 ◯ 개

공부 의욕 다지는 [한자 공부 습관]

글을 읽고 나서 오늘 공부를 신나게 시작하자고!

　　우리말에서 한자가 차지하는 비중이 70%쯤 된대요. 그래서 한자를 익히면 우리글을 이해하는 능력이 향상된대요. 한자를 배워 어휘력이 향상되면 이해력이 좋아지고, 책 읽는 능력도 덩달아 높아지는 거죠. 책 읽기가 모든 학습에 기본이 된다는 것은 친구들도 알고 있지요? 독서 능력이 향상되면 자연히 상식이 풍부해지고, 국어뿐 아니라 다른 과목 교과서를 이해하는 속도가 빨라져요.

　　한자는 두뇌 활동이 활발한 6~12세 전후로 익히는 것이 사고력과 암기력을 높이고, 학습 능력 향상으로 연결된다고 할 수 있어요. 전문가들은 한자 공부에 가장 적당한 시기가 초등 3, 4학년쯤이라고 해요.

　　하루에 두 자씩만 익혀도 중고 기초한자 1800자를 3년이면 끝낼 수 있어요. 이 1800자로 만들어지는 우리말이 자그마치 10만 단어나 된다니 참 대단하지요!

공부를 시작할 때도 준비운동이 필요하다고! 하나둘 하나둘

머리 풀어주는 퍼즐

도전 시간	걸린 시간
00 분 30 초	분 초

창의사고력 기초 다지기   계산능력 쑥~

보기 처럼 더해서 9가 되도록 숫자 2개씩 묶어 보세요.

보기

$2 + 7 = 9$ → ② ⑦

②	⑦	①	①	⑧
①	②	⑤	③	②
④	①	②	⑦	①
③	⑥	⑤	①	⑥
③	①	④	⑤	②

빠르고 **정확**하게

도전시간

| 4 분 | 20 초 |

걸린시간

| 분 | 초 |

● 오늘의 읽기 자료입니다. 잘 읽고 문제를 풀어 보세요.

　　장애인의 천국이라는 스웨덴을 방문한 기자는 지체 장애인 올가와 함께 스웨덴의 장애인 편의 시설을 살펴보기로 했다. 올가는 지금껏 이동에 불편을 겪어 본 적이 없다고 했다. 아마도 장애인 편의 시설을 잘 갖추었다는 의미일 것이다.

　　올가는 지하철역에 도착하자마자 "지하철이 깊은 지하에 있지만 쉽게 이용할 수 있어요. 엘리베이터를 타면 되거든요."하며 엘리베이터를 탔다. 지하철 칸마다 휠체어를 위한 빈 공간을 마련해 차안에서도 전혀 불편해 보이지 않았다.

　　올가는 승용차를 이용할 때도 전혀 불편하지 않다고 했다. "거리 곳곳에 장애인 주차 구역이 있어 주차를 걱정할 필요가 없어요. 학교와 병원은 물론이고 좁은 길에도 꼭 있거든요." 거리를 달리는 스웨덴의 버스도 올가가 이용하기에는 편해 보였다. 모든 버스가 바닥이 낮은 저상 버스기 때문에 휠체어로도 쉽게 탈 수가 있고, 휠체어를 위한 넓은 공간도 마련했다.

　　올가와 함께 스톡홀름 거리를 걸으며, 거리 곳곳에서 장애인 화장실 마크를 쉽게 찾을 수 있었다. 거리에 장애인 화장실이 많다는 기자의 말에 올가는, "이게 많은 거예요? 더 늘려야 한다고 생각하는데……. 그럼, 한국은 이보다 많지 않은가 봐요?"라고 물었다. 급작스런 올가의 물음에 문득 우리나라 장애인 편의 시설이 떠올랐다.

❶ **핵심어** 찾기

다음은 위 글과 관련된 낱말들입니다. 가장 넓은 뜻을 지닌 단어를 찾아 ✔하세요. 표시한 낱말이 위 글에서 가장 중요한 핵심어입니다.

문제 개수 1 개

맞은 개수 　 개

틀린 개수 　 개

☐ 장애인 편의 시설　　☐ 장애인 화장실　　☐ 저상 버스　　☐ 장애인 주차

90

♥ 다음 보기 를 이용해서 ❷~❸번 문제를 풀어 보세요.

보기 ① 휠체어   ② 엘리베이터
      ③ 저상 버스   ④ 장애인 주차 구역

❷ 글의 짜임
그리기

다음은 위 글의 내용을 한눈에 볼 수 있도록 정리한 표입니다. 빈칸에 보기 의 ①~④를 알맞게 넣어 표를 완성해 보세요.

문제 개수 2 개

맞은 개수 ◯ 개
틀린 개수 ◯ 개

스웨덴의 장애인 편의 시설

지하철 — 지하철역에는 장애인을 위한 ㉮ 를 설치했다.
지하철 내부에는 휠체어를 위한 빈 공간을 마련했다.

버스 — 모든 버스가 장애인을 위한 바닥이 낮은 ㉯ 다.

승용차 — 어느 도로든지 장애인 주차 구역을 마련했다.

거리 — 거리 곳곳에 장애인 화장실이 있다.

❸ 요약
하기

다음은 위 글의 중심 내용을 요약한 것입니다. 빈칸에 보기 의 ①~④를 알맞게 넣어 요약 글을 완성해 보세요.

문제 개수 3 개

맞은 개수 ◯ 개
틀린 개수 ◯ 개

   스웨덴은 장애인을 위한 편의 시설을 잘 갖춘 것으로 유명하다. 지하철역마다 장애인을 위한 엘리베이터를 설치했고, 차안에는 ㉮ 를 위한 빈 공간을 마련했다. 모든 버스는 바닥이 낮은 저상 버스고, 어느 도로에나 ㉯ 이 있다. 특히, 거리 곳곳에 장애인 화장실이 있다. 역시, 스웨덴은 장애인이 살기 좋은 장애인 천국이다.

91

다음은 위 글의 제목 후보입니다. 먼저, 위 글의 제목으로 가장 알맞은 것을 골라 빈칸에 ○를 하세요. 그런 다음, 주어진 조건에 맞게 ×, △, □를 표시하세요. (단, ○는 딱 한 개만 고르세요.)

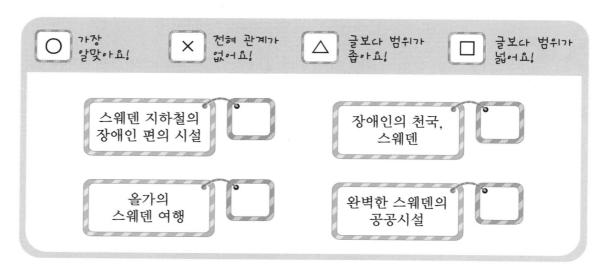

○ 가장 알맞아요!   × 전혀 관계가 없어요!   △ 글보다 범위가 좁아요!   □ 글보다 범위가 넓어요!

스웨덴 지하철의 장애인 편의 시설

장애인의 천국, 스웨덴

올가의 스웨덴 여행

완벽한 스웨덴의 공공시설

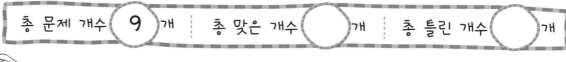

총 문제 개수 9 개 │ 총 맞은 개수   개 │ 총 틀린 개수   개

글을 읽고 나서 오늘 공부를 신나게 시작하자고!

좋은 습관 다지는 7교시

키 크는 생활 습관

　사람의 키는 생활 습관에 따라서 더 많이 자라기도 해요. 그럼 어떤 습관이 좋은지 알아 볼까요?

　첫째, 10시 이전에 잠자리에 들어요. 성장 호르몬은 잠자는 동안에 분비되기 때문에 충분히 자야 해요.

　둘째, 밥을 먹은 후에는 쉬어요. 밥을 먹자마자 뛰어나가 놀거나 바로 공부를 하면 소화가 안 돼요. 먹고 나서 10분쯤 쉬면 소화도 잘 되고 영양분도 골고루 퍼져서 성장에 도움이 돼요.

　셋째, 바른 자세로 생활해요. 걸을 때는 어깨를 펴고 가슴과 허리는 흔들지 말고 걸어요. 앉아 있을 때는 다리를 꼬지 말고 엉덩이와 허리를 곧게 펴는 자세가 좋아요.

　넷째, 적당히 놀고 운동해요. 적절한 운동은 골격을 단련시키고 근육 발달도 왕성하게 해 줘요. 운동이 부족하면 뼈에서 석회질이 빠져 삐거나 다칠 위험이 높아져요.

머리 풀어주는 퍼즐

21회

도전 시간	걸린 시간
00 분 20 초	분 초

창의사고력 기초 다지기 주의집중력 쏙~

1부터 16까지의 숫자가 뒤죽박죽 섞여 있습니다. 어떤 숫자가 없는지 찾아서 빈 칸을 채우세요.

12	10	13	4
5	2	16	6
3	8	11	15
9	14		1

2	7	15	4
10	14	1	9
3	5		12
8	13	6	16

빠르고 **정확**하게

속독 정독

● 오늘의 읽기 자료입니다. 잘 읽고 문제를 풀어 보세요.

"일등이야! 일등!"

소녀가 무대에 올라오자, 사람들은 '듣지도 말하지도 못한대,' '어머! 그런데 어떻게 춤을 춰?' 하며 수군거리기 시작했습니다. 하지만 열다섯 살의 발레리나 강진희는 아무 말도 듣지 못한 채 환하게 웃고 있었습니다.

진희는 태어날 때부터 청각 장애인이었습니다. 어릴 적부터 춤을 좋아하던 진희는 중학교에 입학하자 발레가 하고 싶었습니다. 하지만 진희가 발레를 배우기란 쉽지 않았습니다. 무용 선생님께 사정하여 겨우 한 달 연습 기간을 얻어 냈답니다. 진희는 친구들이 4번 연습하면, 그 보다 다섯 배 많은 20번을 연습하는 지독한 연습 벌레가 되었습니다. 발톱 열 개가 모두 피멍이 들어 빠질 지경이었으니까요. 결국 선생님은 진희에게 마음을 열었습니다. 선생님은 진희에게 발레리나로서의 재능이 있는지 만을 살펴주었던 것이지요. 부모님도 진희를 특별하게 대하지 않았습니다. 다른 아이들처럼 자라길 바라는 마음에 일반 중학교에 입학시켰으니까요.

듣지 못하는 발레리나 소녀는 어떻게 되었을까요? 장애를 특별하게 대하지 않은 부모, 편견 없이 받아 준 선생님 그리고 끝없는 연습 끝에 프리마돈나로 자라났답니다. 음악을 눈으로 보고 몸으로 느끼는 강진희는 세상에서 가장 아름다운 발레리나랍니다.

❶ 핵심어 찾기

문제 개수 7 개

맞은 개수 ⬡ 개

틀린 개수 ⬡ 개

다음 낱말들 중에 위 글에 나온 낱말의 빈칸에 동그라미 하세요. 동그라미 한 낱말들이 위 글의 주제와 관련된 핵심어입니다.

오페라	청각 장애인	피멍	성악가	예술학교	프리 마돈나	발레리나

94

♥ 다음 보기 를 이용해서 ❷~❸번 문제를 풀어 보세요.

보기 ① 발레리나   ② 선생님   ③ 지독한 연습 벌레
     ④ 강하게 키움   ⑤ 강한 부모님   ⑥ 편견 없이

다음은 위 글의 내용을 한눈에 볼 수 있도록 정리한 표입니다. 빈칸에 보기 의 ①~⑥을 알맞게 넣어 표를 완성해 보세요.

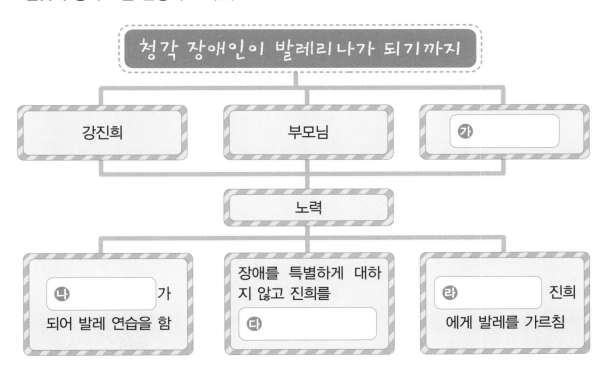

청각 장애인이 발레리나가 되기까지

| 강진희 | 부모님 | ㉮ |

노력

| ㉯ 가 되어 발레 연습을 함 | 장애를 특별하게 대하지 않고 진희를 ㉰ | ㉱ 진희 에게 발레를 가르침 |

다음은 위 글의 중심 내용을 요약한 것입니다. 빈칸에 보기 의 ①~⑥을 알맞게 넣어 요약 글을 완성해 보세요.

　　청각 장애인 ㉮ ⬚ 강진희는 태어날 때부터 듣지도 말하지도 못하였습니다. 그런 진희가 어떻게 장애를 딛고 춤을 출 수 있었을까요? 부모님은 진희의 장애를 특별하게 대하지 않고 오히려 강하게 키웠습니다. 선생님은 편견 없이 진희에게 발레를 가르쳤습니다. 진희도 모든 발톱에 피멍이 들어 빠질 정도로 끝없이 연습을 했지요. 결국, ㉯ ⬚ · 편견 없는 선생님 · 연습 벌레 진희가 발레리나 진희를 만들었답니다.

④ 제목 달기

다음은 위 글에 가장 어울리는 제목을 찾는 과정입니다. 서로 관계 있는 것끼리 줄로 이으세요.

문제 개수 ③ 개

맞은 개수 ◯ 개

틀린 개수 ◯ 개

장애를 극복한 사람들 ★   ★ 이 글의 제목으로 딱 좋아!

휠체어를 탄 발레리나 ★   ★ 범위가 너무 넓어!

듣지 못하는 발레리나 ★   ★ 이 글과 상관없는 제목이야!

총 문제 개수 ⟨16⟩ 개   총 맞은 개수 ◯ 개   총 틀린 개수 ◯ 개

상식 쑥쑥 키우는 72

유레일 패스

글을 읽고 나서 오늘 공부를 신나게 시작하자고!

유레일패스는 유럽 17개국에서 국영 철도와 일부 민간 철도를 자유롭게 이용할 수 있는 철도 승차권을 말해요. 유럽은 2차 대전 후 북미 등의 관광객들을 끌어들이고자 유레일패스를 만들었답니다. 유레일패스는 정해진 기간 동안에는 거리, 승차 횟수, 국경 통과 여부 등에 관계없이 마음대로 승하차하며 유럽 전 지역을 여행할 수 있어요.

승차권 가격은 기간과 종류에 따라 다른데, 기간은 15일, 21일, 1개월, 2개월, 3개월 등이 있고 종류는 1등석과 2등석이 있어요. 유레일패스 외에도 유럽 5개국에서만 통용되는 유로패스(Europass), 북유럽 4개국에서 통용되는 스칸레일패스(Scanrailpass) 등이 있답니다.

머리 풀어주는

도전 시간	걸린 시간
00 분 20 초	분 초

창의사고력 기초 다지기 연상추리력 쑥~

종이를 접고 있습니다. ?에 이어질 그림을 찾아 보세요.

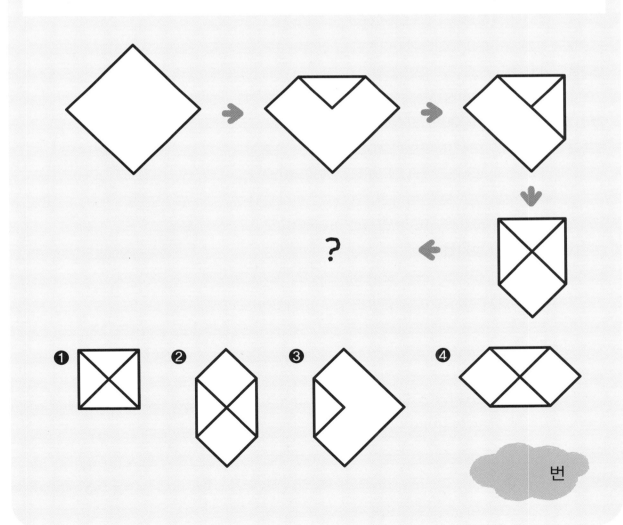

번

속독 정독

빠르고 **정확**하게 읽기

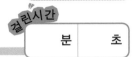

도전시간
| 5 분 | 20 초 |

걸린시간
| 분 | 초 |

○ 오늘의 읽기 자료입니다. 잘 읽고 문제를 풀어 보세요.

김 기자 : 저는 지금 북극해에서 구조된 북극곰을 만나고 있습니다. 무슨 일입니까?

북극곰 : 제 모습을 보세요. 물에 빠진 생쥐 모습 아닙니까? 물에 빠져 죽을 뻔 했다고요.

김 기자 : 북극곰이 물에 빠져 죽다니요? 수영의 황제로 알고 있는데요.

북극곰 : 우리 북극곰이 수영을 잘하긴 하지요. 20km 정도는 너끈하니까요. 하지만 100km 넘게 수영을 하는 것은 우리에게도 무리예요.

김 기자 : 100km 라니, 혹시 수영대회라도 있었나요?

북극곰 : 기자 양반! 지구 온난화로 북극의 얼음이 녹고 있잖아요. 수영을 하다가 얼음덩어리에서 잠깐 쉬어야 하는데 그게 없어진단 말입니다.

김 기자 : 아, 그렇군요. 정말 죄송합니다.

북극곰 : 내 친구는 먹이를 찾으러 사람들이 사는 마을로 갔다가 총에 맞아 죽었어요. 배고픈 게 죄예요? 최근에는 어린 북극곰을 잡아먹는 일까지 벌어졌어요. 원래 우린 서로 잡아먹지 않는단 말이에요.

김 기자 : 정말 죄송합니다.

북극곰 : 죄송할 것 없어요. 다음은 인간들 차례니까. 북극 얼음이 녹아 바닷물 높이가 점점 올라가면서 인간들이 살고 있는 땅도 잠기고 있으니까요.

1 핵심어 찾기

다음 문장의 빈칸에 알맞은 낱말을 적어 보세요. 빈칸에 들어갈 낱말이 위 글에서 가장 중요한 핵심어입니다.

문제 개수 (2 개)

맞은 개수 ⬚ 개

틀린 개수 ⬚ 개

⑦ ⬚⬚⬚⬚ 로 북극의 얼음이 녹자, ⑭ ⬚⬚⬚ 이 물에 빠져 죽는 등 커다란 해를 입고 있다.

98

♥ 다음 보기 를 이용해서 ❷~❸번 문제를 풀어 보세요.

보기 ① 마을로 간   ② 북극의 얼음
      ③ 총에 맞아 죽기도 한다   ④ 물에 빠져 죽기도 한다
      ⑤ 얼음덩어리   ⑥ 잡아먹기도

다음은 위 글의 내용을 한눈에 볼 수 있도록 정리한 표입니다. 빈칸에 보기 의 ①~⑥을 알맞게 넣어 표를 완성해 보세요.

문제 개수 4 개

맞은 개수 [ ] 개

틀린 개수 [ ] 개

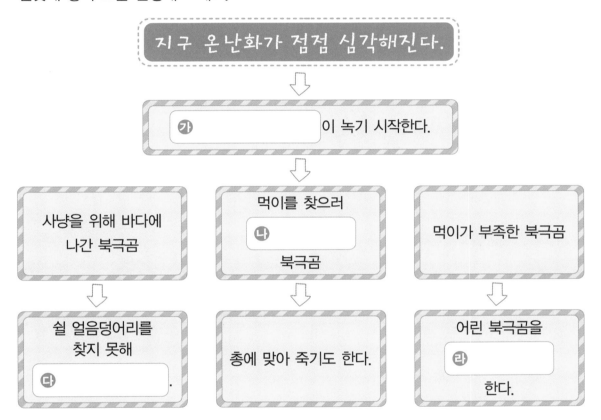

지구 온난화가 점점 심각해진다.

⟱

㉮ [   ] 이 녹기 시작한다.

⟱

사냥을 위해 바다에 나간 북극곰

먹이를 찾으러 ㉯ [   ] 북극곰

먹이가 부족한 북극곰

⟱

쉴 얼음덩어리를 찾지 못해 ㉰ [   ].

총에 맞아 죽기도 한다.

어린 북극곰을 ㉱ [   ] 한다.

다음은 위 글의 중심 내용을 요약한 것입니다. 빈칸에 보기 의 ①~⑥을 알맞게 넣어 요약 글을 완성해 보세요.

문제 개수 2 개

맞은 개수 [ ] 개

틀린 개수 [ ] 개

지구 온난화로 북극의 얼음이 녹자, 북극곰의 피해가 늘고 있다. 바다로 사냥을 나간 북극곰이 쉴 ㉮ [   ] 를 찾지 못해 물에 빠져 죽기도 한다. 먹이를 찾아 마을로 간 북극곰은 ㉯ [   ]. 먹이가 부족해지자 어린 북극곰을 잡아먹는 사건이 발생하기도 한다.

④ 제목 달기

문제 개수 **1** 개

맞은 개수 ⸻ 개

틀린 개수 ⸻ 개

다음은 위 글에 가장 어울리는 제목을 지어 보는 과정입니다. 보기에 주어진 단어를 이용해서 제목을 달아 보세요.

보기

피해	지구 온난화로	북극곰의	인한

총 문제 개수 ⑨ 개	총 맞은 개수 ◯ 개	총 틀린 개수 ◯ 개

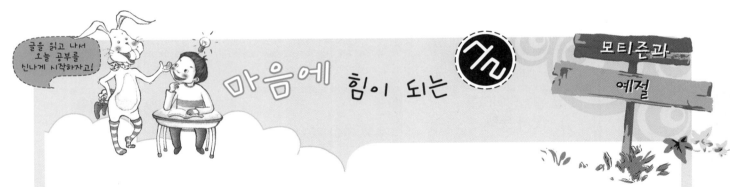

마음에 힘이 되는 글

모티즌과 예절

글을 읽고 나서 오늘 공부를 신나게 시작하자고!

　모티즌을 아시나요? 모바일(moblile)과 네티즌(netizen)을 합한 말로, 주로 무선 인터넷을 이용하는 사람들을 일컫는 말이랍니다. 지하철에서 휴대 전화를 이용해 TV 드라마나 영화를 보고 게임을 하는 사람들을 쉽게 볼 수 있는데, 모두 모티즌인 셈이지요.

　모티즌에게 휴대폰은 생활필수품이랍니다. 알람 시계, 노트북, 게임기, 전자수첩 등 생활에 필요한 기능을 휴대폰으로 해결하니까요. 휴대폰으로 인터넷 검색은 물론 은행 거래와 쇼핑까지도 가능하다니, 여러분도 장래에 모티즌이 되겠죠? 하지만, 모두가 모티즌이 된다고 해도 잊어서는 안 될 것이 있답니다. 벨소리는 진동으로! 통화는 조용하게 간단히! TV와 게임 소리도 작게! 모티즌이라면 공공장소에서의 휴대폰 사용 예절을 꼭 기억하세요!

머리 풀어주는 퍼즐

창의사고력 기초 다지기 판단능력 쑥~

다음 그림에 포함되지 않은 모양을 찾아 보세요.

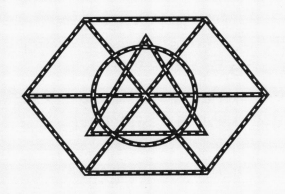

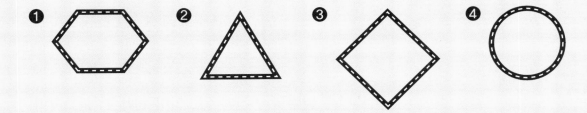

번

속독 정독

● 오늘의 읽기 자료입니다. 잘 읽고 아래 문제들을 풀어 보세요.

앞으로 50년 후엔 남태평양의 섬나라 투발루를 볼 수 없을지도 모릅니다. 지구 온난화로 해수면이 상승하여 매년 0.5~0.6mm씩 바닷물에 잠기기 때문입니다. 또한 그 때문에 지하수가 소금기를 띠자 코코넛 나무와 농작물이 죽어가고, 사람들이 먹을 식수조차 구할 수 없게 되었습니다.

해수면 상승만큼 열대 폭풍도 투발루 주민들을 두려움에 떨게 합니다. 과거에는 열대 폭풍이 일 년에 한두 번 발생했습니다. 하지만, 지금은 매달 발생하고 그 세기도 점점 강해지고 있습니다. 매년 2월이면 투발루는 연중 해수면이 가장 높은 '킹 타이드'로 큰 물난리를 겪는데, 주민들은 '킹 타이드'와 열대 폭풍이 한꺼번에 닥칠까 봐 공포에 떨고 있다고 합니다.

투발루 정부에서는 다른 나라로 집단 이민할 계획을 하지만, 이를 받아들이는 나라가 없는 상태입니다. 따라서 국제적인 노력이 없다면 투발루 주민들은 환경 난민이 될 처지입니다. 지구 온난화의 주범인 산업 시설과는 거리가 먼 남태평양의 작은 섬이 지구 온난화의 희생양이 되었습니다.

❶ 핵심어 찾기

다음 낱말들 중에 위 글에 나온 낱말의 빈칸에 동그라미 하세요. 동그라미 한 낱말들이 위 글의 주제와 관련된 핵심어입니다.

문제 개수 **7** 개

맞은 개수 ___ 개

틀린 개수 ___ 개

해수면 상승	아프리카	지구 온난화	오존층	폭설	투발루	환경 난민

♥ 다음 [보기]를 이용해서 ❷~❸번 문제를 풀어 보세요.

[보기]
① 해수면 상승 ② 환경 난민 ③ 지구 온난화
④ 지하수의 소금기 ⑤ 국제적인 노력 ⑥ 열대 폭풍

❷ 글의 짜임 그리기

다음은 위 글의 내용을 한눈에 볼 수 있도록 정리한 표입니다. 빈칸에 [보기]의 ①~⑥을 알맞게 넣어 표를 완성해 보세요.

문제 개수 **4** 개

맞은 개수 ◯ 개

틀린 개수 ◯ 개

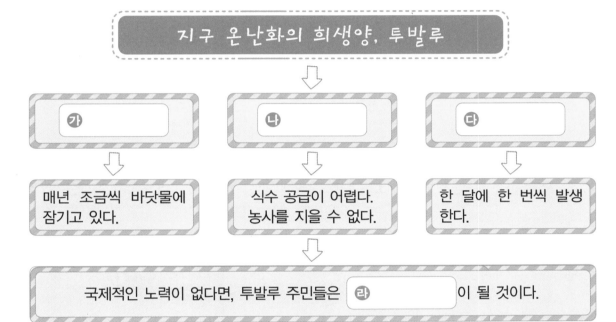

지구 온난화의 희생양, 투발루

| ㉮ | ㉯ | ㉰ |

매년 조금씩 바닷물에 잠기고 있다.

식수 공급이 어렵다. 농사를 지을 수 없다.

한 달에 한 번씩 발생한다.

국제적인 노력이 없다면, 투발루 주민들은 ㉱ _____ 이 될 것이다.

❸ 요약 하기

다음은 위 글의 중심 내용을 요약한 것입니다. 빈칸에 [보기]의 ①~⑥을 알맞게 넣어 요약 글을 완성해 보세요.

문제 개수 **2** 개

맞은 개수 ◯ 개

틀린 개수 ◯ 개

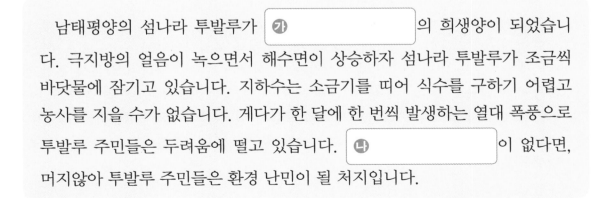

남태평양의 섬나라 투발루가 ㉮ _____ 의 희생양이 되었습니다. 극지방의 얼음이 녹으면서 해수면이 상승하자 섬나라 투발루가 조금씩 바닷물에 잠기고 있습니다. 지하수는 소금기를 띠어 식수를 구하기 어렵고 농사를 지을 수가 없습니다. 게다가 한 달에 한 번씩 발생하는 열대 폭풍으로 투발루 주민들은 두려움에 떨고 있습니다. ㉯ _____ 이 없다면, 머지않아 투발루 주민들은 환경 난민이 될 처지입니다.

④ 제목 달기

다음은 위 글의 제목 후보입니다. 먼저, 위 글의 제목으로 가장 알맞은 것을 골라 빈칸에 ○를 하세요. 그런 다음, 주어진 조건에 맞게 ×, △, □를 표시하세요. (단, ○는 딱 한 개만 고르세요.)

문제 개수 4 개

맞은 개수 개

틀린 개수 개

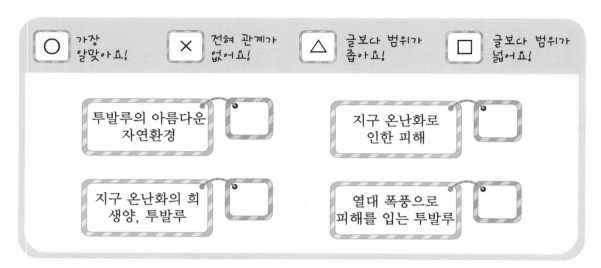

○ 가장 알맞아요!   × 전혀 관계가 없어요!   △ 글보다 범위가 좁아요!   □ 글보다 범위가 넓어요!

투발루의 아름다운 자연환경

지구 온난화로 인한 피해

지구 온난화의 희생양, 투발루

열대 폭풍으로 피해를 입는 투발루

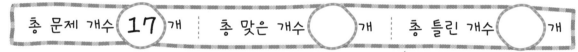

총 문제 개수 17 개   총 맞은 개수 개   총 틀린 개수 개

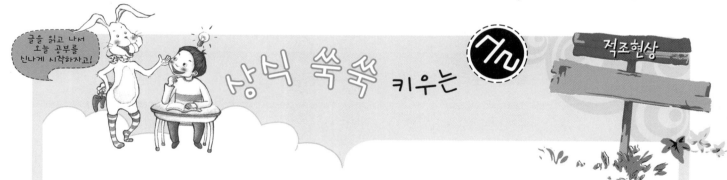

글을 읽고 나서 오늘 공부를 신나게 시작하자고!

상식 쑥쑥 키우는   72

적조현상

적조란 바닷물에 사는 플랑크톤이 갑자기 엄청나게 늘어나 바다 색깔이 붉게 보이는 현상을 말해요. 주로 강 하구와 만나는 연안이나 조용한 만처럼 물의 움직임이 적은 곳에서 발생하지요.

이렇게 플랑크톤이 비정상적으로 늘어나는 것을 부영양화라고 해요. 보통 바닷물 1리터에 1만 개가 넘으면 바다색이 변하기 시작해요. 이렇게 갑자기 늘어난 식물성 플랑크톤은 바닷물을 썩게 만들어 물고기가 살 수 없게 해요. 또한 직접 독소 성분을 뿜어내기도 하지요.

적조 현상이 일어나는 원인은 폐수에 포함된 인 성분이에요. 또한 갯벌이 줄어 자연 정화 역할을 하는 미생물이 턱없이 부족한 탓도 있어요. 그리고 엘리뇨 현상으로 수온이 높아져 미생물 활동이 활발해지는 것도 그 원인으로 꼽을 수 있어요.

머리 풀어주는 퍼즐

도전 시간	걸린 시간
00 분 15 초	분 초

창의사고력 기초 다지기 정보처리능력 쏙~

마지막 칸에 들어갈 숫자는 각각 무엇일지 생각해 보세요.

| 111 | 112 | 113 | 114 | ◣ |

| 212 | 222 | 232 | 242 | ◣ |

| 123 | 223 | 323 | 423 | ◣ |

❶ 523   ❷ 115   ❸ 252

빠르고 정확하게

걸린시간
분 초

● 오늘의 읽기 자료입니다. 잘 읽고 문제를 풀어 보세요.

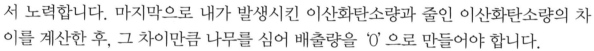

'탄소 중립 프로그램' 이란 지구 온난화의 주범인 이산화탄소의 발생량을 '0' 으로 만들기 위해, 에너지 사용을 줄이고 나무를 심거나 그 비용을 기부하는 운동을 말합니다.

이 프로그램에 참여하려면, 먼저 내가 배출하는 이산화탄소량이 얼마인지 확인해야 합니다. 그 다음 줄이고 싶은 이산화탄소량을 목표로 정하고 그것을 지키기 위해 일상생활에서 노력합니다. 마지막으로 내가 발생시킨 이산화탄소량과 줄인 이산화탄소량의 차이를 계산한 후, 그 차이만큼 나무를 심어 배출량을 '0' 으로 만들어야 합니다.

탄소 중립 프로그램은 지구뿐만 아니라 개인에게도 유익합니다. 우선, 경제적으로 이익입니다. 여름철 냉방 26℃, 겨울철 난방 20℃를 지키면 냉·난방비를 절약할 수 있고, 절전형 가전제품의 구매로 전기료를 줄일 수 있습니다. 승용차의 불필요한 공회전을 줄이고 트렁크에 있는 짐을 줄이면 연료비도 절약됩니다. 더불어 승용차 대신 대중교통을 이용하면 몸도 건강해집니다.

1년 동안 3t의 이산화탄소를 배출하는 사람은 평생 940여 그루의 나무를 심어야 탄소 중립을 이룬다고 합니다. 생활 습관을 바꾸어 인산화탄소의 배출량을 줄이는 게 어떨까요? 주머니도 두둑해지고, 건강도 좋아지고, 게다가 지구도 지킬 수 있으니 말이에요.

❶ 핵심어 찾기

다음 문장의 빈칸에 알맞은 낱말을 적어 보세요. 빈칸에 들어갈 낱말이 위 글에서 가장 중요한 핵심어입니다.

문제 개수 1 개

맞은 개수 ⬜ 개

틀린 개수 ⬜ 개

| 가 | 이란 지구 온난화의 주범인 이산화탄소의 발생량을 '0' 으로 만들기 위한 운동을 말한답니다.

♥ 다음 [보기]를 이용해서 ❷~❸번 문제를 풀어 보세요.

[보기]
① 나무　　　② 줄일　　　③ 경제적 이익　　　④ 차이를 계산
⑤ 이산화탄소량　⑥ 배출하는　⑦ '0'으로　　　⑧ 지구의 환경

❷
글의 짜임
그리기

문제 개수 6 개

맞은
개수 ⬚ 개

틀린
개수 ⬚ 개

다음은 위 글의 내용을 한눈에 볼 수 있도록 정리한 표입니다. 빈칸에 [보기]의 ①~⑧을 알맞게 넣어 표를 완성해 보세요.

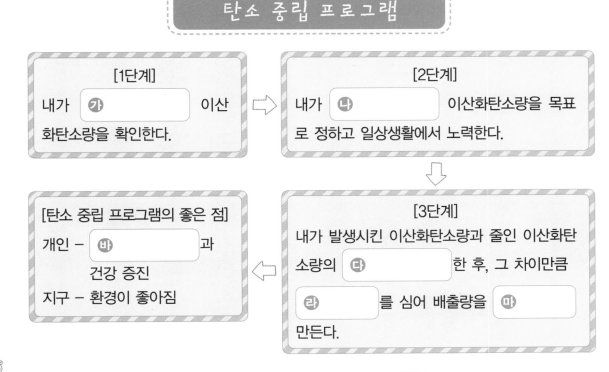

탄소 중립 프로그램

[1단계]
내가 ㉮ ⬚ 이산화탄소량을 확인한다.

[2단계]
내가 ㉯ ⬚ 이산화탄소량을 목표로 정하고 일상생활에서 노력한다.

[3단계]
내가 발생시킨 이산화탄소량과 줄인 이산화탄소량의 ㉢ ⬚ 한 후, 그 차이만큼 ㉣ ⬚ 를 심어 배출량을 ㉤ ⬚ 만든다.

[탄소 중립 프로그램의 좋은 점]
개인 – ㉥ ⬚ 과 건강 증진
지구 – 환경이 좋아짐

❸
요약
하기

문제 개수 2 개

맞은
개수 ⬚ 개

틀린
개수 ⬚ 개

다음은 위 글의 중심 내용을 요약한 것입니다. 빈칸에 [보기]의 ①~⑧을 알맞게 넣어 요약 글을 완성해 보세요.

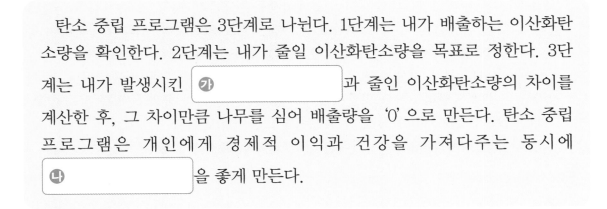

　　탄소 중립 프로그램은 3단계로 나뉜다. 1단계는 내가 배출하는 이산화탄소량을 확인한다. 2단계는 내가 줄일 이산화탄소량을 목표로 정한다. 3단계는 내가 발생시킨 ㉮ ⬚ 과 줄인 이산화탄소량의 차이를 계산한 후, 그 차이만큼 나무를 심어 배출량을 '0'으로 만든다. 탄소 중립 프로그램은 개인에게 경제적 이익과 건강을 가져다주는 동시에 ㉯ ⬚ 을 좋게 만든다.

4 제목 달기

문제 개수 3 개

맞은 개수 　　　개

틀린 개수 　　　개

다음은 위 글에 가장 어울리는 제목을 찾는 과정입니다. 서로 관계 있는 것끼리 줄로 이으세요.

탄소 중립 프로그램의 단계 ★　　★ 이 글의 제목으로 딱 좋아!

이산화탄소를 없애는 느티나무 ★　　★ 범위가 너무 좁아!

탄소 중립 프로그램을 아시나요 ★　　★ 이 글과 상관없는 제목이야!

총 문제 개수 ⑫ 개　│　총 맞은 개수 ◯ 개　│　총 틀린 개수 ◯ 개

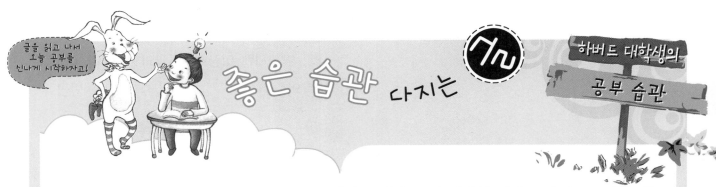

글을 읽고 나서 오늘 공부를 신나게 시작하자고!

좋은 습관 다지는 **7교시**

하버드 대학생의 공부 습관

　세계 최고의 엘리트들이 모인다는 미국 하버드 대학. 교육대학원 리처드 라이트 교수는 학생들 1600명을 대상으로 이들이 공부하는 습관을 정리했습니다. 라이트 교수가 밝히는 하버드 대학생들의 공부 습관은 크게 두 가지입니다.

　첫째, 시간 관리가 엄격하다. 하버드 대학생들은 공부만 하지 않습니다. 서클 활동, 봉사 활동 등 다양한 활동을 합니다. 그렇다고 공부를 쉬지도 않습니다. 최대한 집중하여 공부에 방해가 되는 요소들은 철저히 차단하고 정한 분량을 반드시 해낸답니다.

　둘째, 최고의 공부 기술은 바로 글쓰기다. 글쓰기의 매력은 두 가지입니다. 우선 글쓰기는 정확한 이해에 도달하도록 도와줍니다. 또 글쓰기는 자신의 꿈과 목표를 정확히 그릴 수 있고 구체적으로 계획을 세워 목표에 다가가는 데 도움이 된답니다.

　여러분도 이 두 가지를 잘 지킨다면 하버드 대학생이 될 수 있답니다.

25회

머리 풀어주는 퍼즐

도전 시간	걸린 시간
00 분 20 초	분 초

창의사고력 기초 다지기   계산 능력 쑥~

대각선에 있는 숫자들의 합이 10이 되도록 빈칸을 채워 보세요.

❶
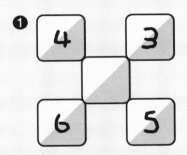

❷
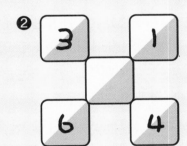

❸
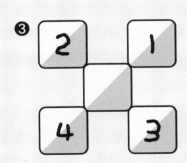

빠르고 **정확**하게 **읽기**

도전시간

6 분	00 초

걸린시간

분	초

○ 오늘의 읽기 자료입니다. 잘 읽고 문제를 풀어 보세요.

　　님비와 핌피를 아시나요? 님비(NIMBY) 현상은 '내 뒷마당에는 안 된다(Not In My Back Yard)'는 말에서 왔습니다. 쓰레기 소각장, 화장장 등 꼭 필요한 시설이지만 내가 사는 곳에는 설치할 수 없다는 것이지요. 1987년 미국 정부는 뉴욕 부근의 아이슬립 지역에서 발생한 쓰레기 처리로 골머리를 앓고 있었습니다. 미국 어느 곳에서도 쓰레기를 받아 주지 않았기 때문입니다. 쓰레기 더미 3천톤이 배를 타고 멕시코까지 여행했지만, 결국 되돌아오고 말았답니다. 이 사건에서 님비현상이란 말이 처음 생겨나게 되었지요.

　　반면, 핌피(PIMFY) 현상은 '제발 내 앞마당에서(Please In My Front Yard)'라는 말에서 비롯되었습니다. 영화 촬영장, 엑스포 등 경제적으로 이익이 되는 사업을 내가 사는 지역에 설치하려고 애쓰는 것으로, 이 때문에 각 지역이 지나치게 경쟁하는 경우도 종종 발생합니다. 호남고속전철 노선을 둘러싼 대전광역시와 충청남도의 대립이 대표적인 예랍니다. 나라 전체와 다른 지역의 사정은 살피지 않고, 자기 지역의 이익과 행복만을 쫓는 것을 지역 이기주의라고 합니다. 님비든 핌피든 주민들의 주장은 다르지만, 지역 이기주의란 점에서는 공통점을 갖고 있습니다.

❶ 핵심어 찾기

다음은 위 글과 관련된 낱말들입니다. 가장 넓은 뜻을 지닌 단어를 찾아 ✔하세요. 표시한 낱말이 위 글에서 가장 중요한 핵심어입니다.

문제 개수 1 개

맞은 개수 ◯ 개

틀린 개수 ◯ 개

☐ 지역 이기주의　　　☐ 님비 현상　　　☐ 핌피 현상

110

♥ 다음 보기 를 이용해서 ❷~❸번 문제를 풀어 보세요.

❷
글의 짜임
그리기

다음은 위 글의 내용을 한눈에 볼 수 있도록 정리한 표입니다. 빈칸에 보기 의 ①~⑧을 알맞게 넣어 표를 완성해 보세요.

문제 개수 5 개

맞은 개수 ___ 개

틀린 개수 ___ 개

	㉮ (NIMBY)	핌피 현상(PIMFY)
뜻	쓰레기 소각장 등 혐오 시설은 내가 사는 지역에 설치할 수 없다는 뜻	영화 촬영장 등 ㉯ 을 우리 지역에 설치하려고 애쓰는 것
유래	내 ㉰ 에는 안 된다. (Not In My Back Yard)	제발 내 ㉱ 에서 (Please In My Front Yard)
공통점	둘 다 똑같이 ㉲ 다.	

❸
요약
하기

다음은 위 글의 중심 내용을 요약한 것입니다. 빈칸에 보기 의 ①~⑧을 알맞게 넣어 요약 글을 완성해 보세요.

문제 개수 3 개

맞은 개수 ___ 개

틀린 개수 ___ 개

님비(NIMBY) 현상은 '내 뒷마당에는 안 된다(Not In My Back Yard)' 라는 말에서 왔습니다. 쓰레기 소각장, 화장장 등 ㉮ 은 내가 사는 지역에 설치할 수 없도록 반대하는 것을 말합니다. 반면, 핌피 (PIMFY) 현상은 '제발 내 앞마당에서(Please In My Front Yard)' 라는 말에서 비롯되었습니다. 님비 현상과는 달리 ㉯ , 엑스포 등 경제적으로 이익이 되는 사업을 ㉰ 에 설치하려고 애쓰는 것이지요. 비록 보이는 현상은 반대지만, 둘 다 지역 이기주의라는 공통점을 지녔습니다.

다음은 위 글의 제목 후보입니다. 먼저, 위 글의 제목으로 가장 알맞은 것을 골라 빈칸에 ○를 하세요. 그런 다음, 주어진 조건에 맞게 ×, △, □를 표시하세요. (단, ○는 딱 한 개만 고르세요.)

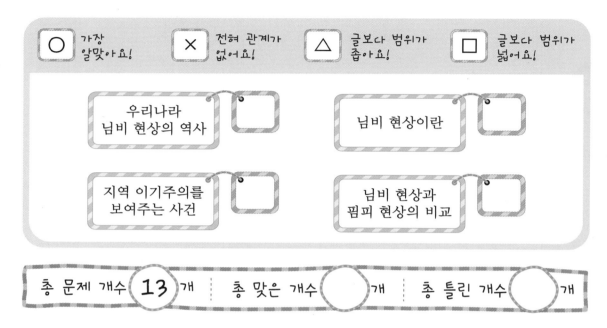

○ 가장 알맞아요!   × 전혀 관계가 없어요!   △ 글보다 범위가 좁아요!   □ 글보다 범위가 넓어요!

우리나라 님비 현상의 역사 [ ]

님비 현상이란 [ ]

지역 이기주의를 보여주는 사건 [ ]

님비 현상과 핌피 현상의 비교 [ ]

총 문제 개수 **13** 개   총 맞은 개수 ( ) 개   총 틀린 개수 ( ) 개

마음에 힘이 되는 글

험한 말도 폭력이에요.

글을 읽고 나서 오늘 공부를 신나게 시작하자고!

세상에서 반드시 사라져야 할 것 중 하나는 폭력입니다. 왜냐하면 폭력은 한 번 나타나면 계속 반복되기 때문입니다. 친구끼리 다툴 때, 누군가 먼저 욕을 하면 상대방도 같이 욕을 하게 되지요. 누군가 먼저 때리기 시작하면, 상대방도 주먹질을 하게 됩니다. 폭력적인 말과 행동이 또 다른 폭력을 낳는 것이랍니다.

그런데 폭력이라고 하면, 힘으로 못살게 굴거나 때리는 것만을 떠올리기 쉽습니다. 하지만 말로 다른 사람의 마음을 할퀴는 것이 때로는 더 큰 폭력이 되기도 합니다. 친구에게 심한 욕을 하거나 자꾸만 놀리는 것이 마음에 커다란 상처를 주기 때문이지요. 보이지 않는 마음에 상처를 입으면, 그 상처가 얼마나 깊은지 알 수가 없기 때문에 더 위험할 수도 있답니다. 무심코 내뱉는 말 한마디가 폭력이 될 수도 있다는 것을 기억하세요.

머리 풀어주는 **퍼즐**

도전 시간	걸린 시간
00 분 20 초	분 초

창의사고력 기초 다지기 주의집중력 쑥~

보물이 있는 곳으로 가는 중에 의 그림처럼 꺾어지는 부분에 동그라미 치고 몇 개인지 세어 보세요.

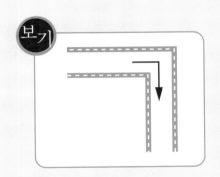

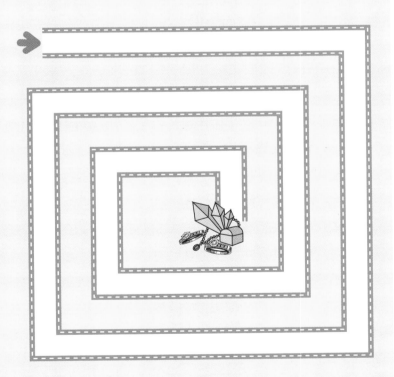

개

빠르고 **정확**하게  **읽기**

도전시간

| 5 분 | 40 초 |

걸린시간

| 분 | 초 |

● 오늘의 읽기 자료입니다. 잘 읽고 문제를 풀어 보세요.

이 기자 : 님비 현상을 일으키는 대표적인 시설이 화장장인데, '수원 연화장'은 주민들에게 환영을 받는다고 합니다. 어떻게 된 일인지 수원 시민과 대화를 나누어 보도록 하겠습니다. 처음부터 화장장 설립에 찬성을 하셨나요?

김 수원 : 아니요, 처음엔 반대했지요. 2년 동안 공사가 중단되기도 했는 걸요.

이 기자 : 시민들의 마음이 변한 이유는 뭔가요?

김 수원 : 문제를 계속 대화로 풀어 나가는 정부의 모습을 보면서 마음이 움직이기 시작했지요. 수원시의 도로와 상하수도 시설을 보완하고, 화장장의 운영도 주민들에게 맡기겠다고 하니, 계속 반대할 수가 없었지요.

이 기자 : 적극적인 대화로 납골당과 장례식장까지 들어서게 된 것이군요?

김 수원 : 네. 폐수를 처리하는 하수 종말 처리장 위에는 생태공원과 골프장 그리고 체육공원을 만들었지요. 값싸게 골프도 즐기고 산책도 하니 주민들이 만족합니다.

이 기자 : 대화로 주민의 신뢰를 되찾은 수원시, 님비 현상을 해결한 좋은 사례입니다.

❶ 핵심어 찾기

문제 개수 7 개

맞은 개수 　 개

틀린 개수 　 개

다음 낱말들 중에 위 글에 나온 낱말의 빈칸에 동그라미 하세요. 동그라미 한 낱말들이 위 글의 주제와 관련된 핵심어입니다.

| 해결 | 주민 | 핌피 현상 | 대화 | 강행 | 님비 현상 | 수원시 |

114

♥ 다음 [보기]를 이용해서 ❷∼❸번 문제를 풀어 보세요.

보기	① 대화를 나누었다	② 혐오 시설	③ 마음이 움직였고
	④ 납골당과 장례식장	⑤ 화장장	⑥ 주민들의 반대

❷
글의 짜임
그리기

다음은 위 글의 내용을 한눈에 볼 수 있도록 정리한 표입니다. 빈칸에 [보기]의 ①∼⑥을 알맞게 넣어 표를 완성해 보세요.

문제 개수 4 개

맞은
개수 [   ] 개

틀린
개수 [   ] 개

수원시의 님비 현상 해결 방법

수원시에서 ㉮ [   ] 인 화장장을 설치하기로 하였다.

⬇

공사 지역 ㉯ [   ] 로 2년 동안 공사가 중단되었다.

⬇

수원시는 주민들과 화장장 문제에 대해 적극적으로 ㉰ [   ].

⬇

주민들의 ㉱ [   ] 납골당과 장례식장까지 들어서게 되었다.

❸
요약
하기

다음은 위 글의 중심 내용을 요약한 것입니다. 빈칸에 [보기]의 ①∼⑥을 알맞게 넣어 요약 글을 완성해 보세요.

문제 개수 2 개

맞은
개수 [   ] 개

틀린
개수 [   ] 개

대표적인 혐오 시설인 ㉮ [   ] 을 수원시가 설치하기로 하자, 지역 주민들의 반대가 심하였다. 그 때문에 2년 동안이나 공사가 중단되기도 했다. 하지만 시에서는 이 문제에 대해 주민들과 적극적으로 대화에 나섰다. 결국 주민들의 마음이 움직이기 시작했고, 화장장과 함께 ㉯ [   ] 까지 들어서게 되었다.

④ 제목 달기

다음은 위 글에 가장 어울리는 제목을 지어 보는 과정입니다. 보기 에 주어진 단어를 이용해서 제목을 달아 보세요.

문제 개수 **1** 개

맞은 개수 ( ) 개

틀린 개수 ( ) 개

보기   해결한   님비 현상을   수원시   대화로

[   ]

총 문제 개수 **14** 개 ┊ 총 맞은 개수 ( ) 개 ┊ 총 틀린 개수 ( ) 개

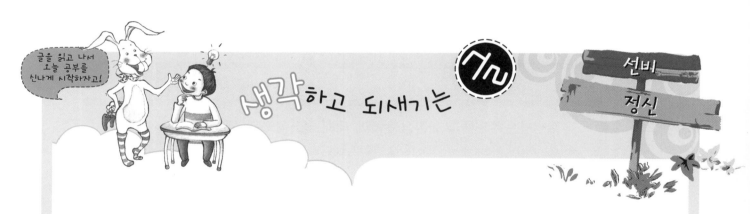

생각하고 되새기는 72

글을 읽고 나서 오늘 공부를 신나게 시작하자고!

선비 정신

선비란 학식이 있고 행동과 예절이 바르며 의리와 원칙을 지키고 관직과 재물을 탐내지 않는 고결한 인품을 지닌 사람을 이르는 말입니다. 그리고 선비 정신은 다음과 같은 것입니다.

시사명(視思明) : 볼 때에는 분명한가를 생각하고

청사총(聽思聰) : 들을 때에는 확실한가를 생각하고

색사온(色思溫) : 낯빛은 온화한가를 생각하고

모사공(貌思恭) : 태도는 공손한가를 생각하고

언사충(言思忠) : 말은 충실한가를 생각하고

사사경(事思敬) : 일은 신중한가를 생각하고

의사문(疑思問) : 의심나면 물어볼 것을 생각하고

분사난(忿思難) : 분이 날 때는 재난을 생각하며

견리사의(見利思義) : 이득을 보면 의로운 것인가를 생각한다.

머리 풀어주는 퍼즐

| 00 분 15 초 | 분 초 |

창의사고력 기초 다지기 연상추리력 쑥~

'퍼즐'과 '공부' 두 단어가 있습니다. 빈칸에 들어갈 알맞은 그림을 찾아 그 번호를 쓰세요.

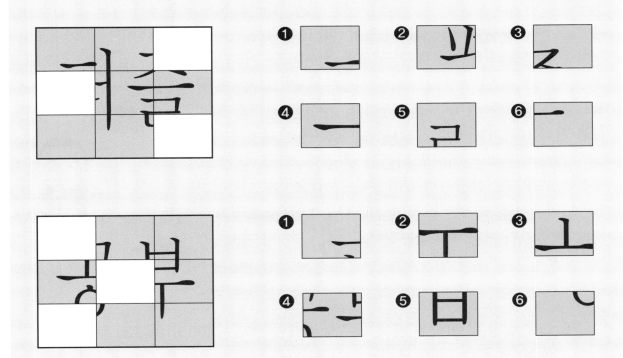

도전시간
5 분 50 초

걸린시간
분 초

● 오늘의 읽기 자료입니다. 잘 읽고 문제를 풀어 보세요.

○○년 ○월 ○○일

벌써 며칠째 동네가 시끄럽다. 동네 아주머니들이 약국 옆 공사장에 모여서 고함을 지르고 난리다. 오늘은 옆집 재민이네 아주머니도 "주택가 한 복판에 이게 웬 말이냐?" 하고 주먹을 휘두르며 소리치고 있었다. 현수막을 자세히 읽어 보니, '우리가 치매 환자냐? 노인 요양 시설은 저리 가라' 라고 쓰여 있었다.

나는 엄마에게 동네 사람들이 왜 반대하는지 물어 보았다. 노인 요양 시설이란 노인들을 위한 곳으로, 병이 들거나 갈 곳이 없는 분들이 모여 사는 곳이라고 했다. 동네에 그런 시설이 들어서면 집값이 떨어진다고 생각하기 때문에 반대한다는 것이다.

나는 어른들이 참 이상했다. 누구나 노인이 될 거고 병도 걸릴 것이다. 그럼 노인들을 위한 시설은 우리 모두에게 꼭 필요한 시설인데 반대하다니 말이다. 자신은 절대로 늙지 않을 거라 생각하나 보다. 그러고 보니, 전에 학교에서 배운 님비 현상이 우리 동네에도 나타난 것 같다. 그럼, 노인 요양 시설이 쓰레기 소각장처럼 사람들이 싫어하는 혐오 시설인가? 엥? 노인들이 쓰레기란 소리네. 헉, 나도 나중에 쓰레기가 되는 거잖아! 갑자기 머리가 복잡해진다.

핵심어 찾기

다음 낱말들 중에 위 글에 나온 낱말의 빈칸에 동그라미 하세요. 동그라미 한 낱말들이 위 글의 주제와 관련된 핵심어입니다.

문제 개수 6개
맞은 개수 개
틀린 개수 개

우리 동네	집값	노인 요양 시설	노인정	님비 현상	혐오 시설

118

♥ 다음 보기 를 이용해서 ❷~❸번 문제를 풀어 보세요.

보기
① 갈 곳 없는　　　② 떨어질 거라고　　　③ 님비 현상
④ 노인 요양 시설은　　⑤ 노인 인구가　　　⑥ 반대를 한다

❷
글의 짜임
그리기

다음은 위 글의 내용을 한눈에 볼 수 있도록 정리한 표입니다. 빈칸에 보기 의 ①~⑥을 알맞게 넣어 표를 완성해 보세요.

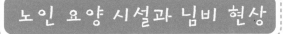
노 인 요 양 시 설 과 님 비 현 상

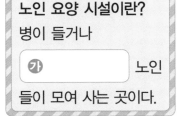
노인 요양 시설이란?
병이 들거나
㉮ 　　　　　노인
들이 모여 사는 곳이다.

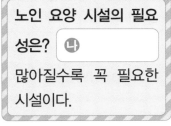
노인 요양 시설의 필요
성은? ㉯
많아질수록 꼭 필요한
시설이다.

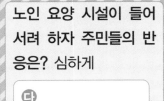
노인 요양 시설이 들어
서려 하자 주민들의 반
응은? 심하게
㉰ 　　　　　　　.

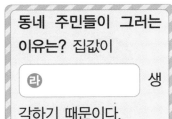
동네 주민들이 그러는
이유는? 집값이
㉱ 　　　　　생
각하기 때문이다.

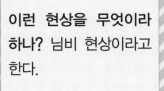
이런 현상을 무엇이라
하나? 님비 현상이라고
한다.

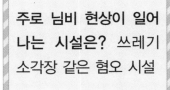
주로 님비 현상이 일어
나는 시설은? 쓰레기
소각장 같은 혐오 시설

❸
요약
하기

다음은 위 글의 중심 내용을 요약한 것입니다. 빈칸에 보기 의 ①~⑥을 알맞게 넣어 요약 글을 완성해 보세요.

　㉮ 　　　　　노인들을 위한 곳으로, 병이 들거나 갈 곳이 없는 분들이 모여 사는 곳이다. 노인 인구가 많아질수록 꼭 필요한 시설임에도 불구하고, 설치하기는 그리 쉽지가 않다. 노인 요양 시설에 대한 ㉯ 　　　　　때문이다. 주민들은 노인 요양 시설이 들어 설 경우, 집값이 떨어질 거라 생각하고 있다. 과연 노인 요양 시설이 쓰레기 소각장 같은 혐오 시설인지 한 번쯤 생각해 봐야 할 듯하다.

다음은 위 글의 제목 후보입니다. 먼저, 위 글의 제목으로 가장 알맞은 것을 골라 빈칸에 ○를 하세요. 그런 다음, 주어진 조건에 맞게 ×, △, □를 표시하세요. (단, ○는 딱 한 개만 고르세요.)

문제 개수 ③ 개

맞은
개수 ⬭ 개

틀린
개수 ⬭ 개

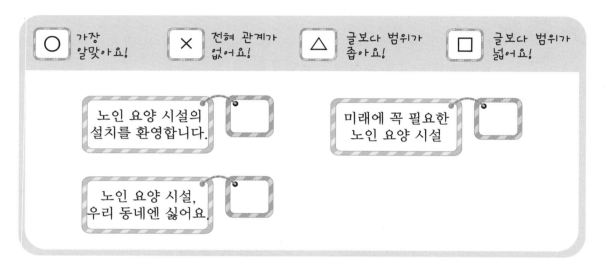

○ 가장 알맞아요!   × 전혀 관계가 없어요!   △ 글보다 범위가 좁아요!   □ 글보다 범위가 넓어요!

노인 요양 시설의 설치를 환영합니다. ▢

미래에 꼭 필요한 노인 요양 시설 ▢

노인 요양 시설, 우리 동네엔 싫어요 ▢

총 문제 개수 ⟨15⟩ 개   │   총 맞은 개수 ◯ 개   │   총 틀린 개수 ◯ 개

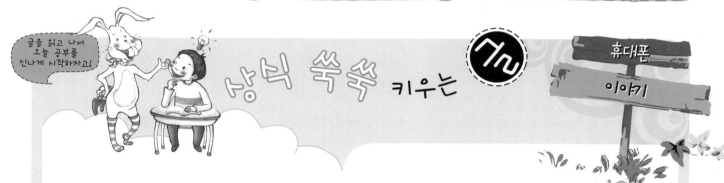

상식 쑥쑥 키우는 72

글을 읽고 나서 오늘 공부를 신나게 시작하자고!

휴대폰 이야기

휴대폰의 역사는 사실 그렇게 오래 되지 않았어요. 휴대폰의 바탕이 된 기술은 1946년 벨 연구소에서 이미 개발되었고, 첫 핸드폰은 1973년에 모토로라에서 개발했어요. 우리나라에는 1988년 모토로라 제품을 수입한 것이 처음인데요, 당시 핸드폰을 차에 장착하고 다녔기 때문에 카폰이라고도 불렀어요. 크기가 거의 벽돌 만했고요, 무게도 고기 한 근보다 무거운 771그램이었대요. 두 시간을 쓰려면 26시간을 충전해야 했고, 가격도 당시에 240만원으로 거의 피아노 한 대 값이었어요. 1999년에는 손목시계 형 휴대폰이 나왔답니다. 최근에는 인터넷까지 가능한 휴대폰을 사용하고 있어요.

핸드폰은 우리나라 10세 이상 국민 1.3명에 한 대씩 보급되어 있어요. 전 세계적으로는 2007년에 세계 인구의 절반이 핸드폰을 가지게 되었대요.

28회

머리 풀어주는 퍼즐

도전 시간	걸린 시간
00 분 30 초	분 초

창의사고력 기초 다지기 판단능력 쑥~

굴러가는 바퀴들이 있습니다. 나머지와 다른 하나를 찾아 보세요.

❶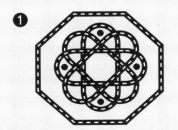

❷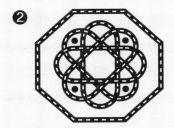

❸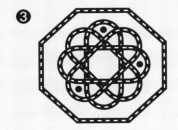

❹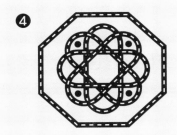

 번

빠르고 **정확**하게 **읽기**

도전시간

| 5 | 분 | 20 | 초 |

걸린시간

| | 분 | | 초 |

● 오늘의 읽기 자료입니다. 잘 읽고 문제를 풀어 보세요.

오늘날 지구촌은 지진, 해일, 폭풍 등의 자연재해로 커다란 피해를 입는다. 하지만 인간이 자연 현상의 한 부분인 자연재해를 막는다는 것은 거의 불가능하므로, 인공위성 등을 이용해 자연재해를 예측하려고 노력한다.

그런데, 동물들은 첨단 과학기술을 이용하는 인간보다 더 빨리 지진과 해일 등의 발생을 예측한다. 2004년 동남아시아에 큰 피해를 입힌 쓰나미의 위험을 가장 먼저 안 것도 동물이다. 쓰나미가 밀어닥치기 직전에 코끼리와 영양 등의 동물들은 해변을 떠나 안전한 지역으로 피했다. 2008년 중국의 쓰촨성 대지진 때에도, 두꺼비들은 지진이 일어날 것을 미리 알고 이동했다.

동물은 땅의 움직임과 온도 등 자연 현상의 변화를 사람보다 훨씬 빨리 느낄 수 있다고 한다. 하지만, 동물의 이러한 능력은 과학적으로 확인하기가 어려워 큰 관심을 끌지 못했다. 그러나 확인이 어렵다고 할지라도 동물에게 그런 능력이 있음을 인정해야 한다. 더 나아가 자연재해를 예측하는 동물의 능력을 과학기술과 결합시켜야 한다. 인간과 동물이 함께 힘을 모은다면, 자연재해를 정확하고 신속하게 예측하는 기술을 개발할 수 있을 것이다.

❶ 핵심어 찾기

다음 문장의 빈칸에 알맞은 낱말을 적어 보세요. 빈칸에 들어갈 낱말이 위 글에서 가장 중요한 핵심어입니다.

문제 개수 ❸ 개

맞은 개수 ◯ 개

틀린 개수 ◯ 개

┌─────┐ 에게는 땅의 움직임과 온도 등 ┌─────┐ 를 사람
│ 가 │   │ 나 │
└─────┘   └─────┘
보다 훨씬 빨리 느낄 수 있는 특별한 ┌─────┐ 이 있다.
                                    │ 다 │
                                    └─────┘

122

♥ 다음 보기를 이용해서 ❷~❸번 문제를 풀어 보세요.

❷ 글의 짜임 그리기

문제 개수 3개

맞은 개수 ◯개

틀린 개수 ◯개

다음은 위 글의 내용을 한눈에 볼 수 있도록 정리한 표입니다. 빈칸에 보기의 ①~⑥을 알맞게 넣어 표를 완성해 보세요.

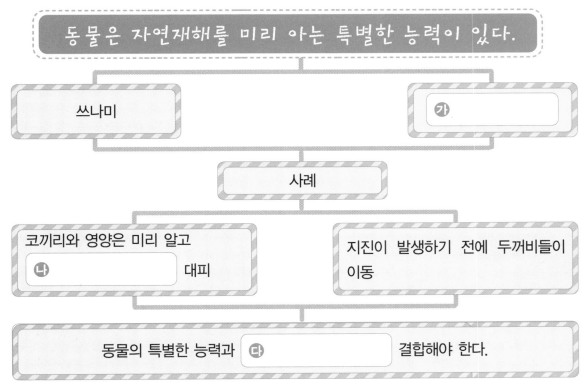

동물은 자연재해를 미리 아는 특별한 능력이 있다.

쓰나미 — 가 [   ]

사례

코끼리와 영양은 미리 알고 나 [   ] 대피

지진이 발생하기 전에 두꺼비들이 이동

동물의 특별한 능력과 다 [   ] 결합해야 한다.

❸ 요약 하기

문제 개수 3개

맞은 개수 ◯개

틀린 개수 ◯개

다음은 위 글의 중심 내용을 요약한 것입니다. 빈칸에 보기의 ①~⑥을 알맞게 넣어 요약 글을 완성해 보세요.

　동물에게는 땅의 움직임과 온도 등 자연 현상의 변화를 사람보다 훨씬 빨리 느낄 수 있는 특별한 능력이 있다. 이런 능력 때문에 동물은 가 [   ] 미리 알고 대피한다. 나 [   ] 발생하기 전에, 해변가에 있던 코끼리와 영양은 미리 안전한 곳으로 대피했다. 쓰촨성 대지진 때에도 두꺼비들은 지진이 발생하기 전에 미리 이동했다. 따라서 커다란 피해를 가져오는 자연재해를 예측하기 위해, 동물의 특별한 능력과 인간의 과학기술을 다 [   ] 해야 한다.

④ 제목
달기

다음은 위 글에 가장 어울리는 제목을 찾는 과정입니다. 서로 관계 있는 것끼리 줄로 이으세요.

문제 개수 ④ 개

맞은 개수 ◯ 개

틀린 개수 ◯ 개

동물의 특별한 능력 ★   ★ 이 글의 제목으로 딱 좋아!

자연재해의 발생 원인 ★   ★ 범위가 너무 좁아!

쓰나미를 미리 안 코끼리 ★   ★ 이 글과 상관없는 제목이야!

자연재해의 예측 ★   ★ 범위가 너무 넓어!

총 문제 개수 ⑬ 개   총 맞은 개수 ◯ 개   총 틀린 개수 ◯ 개

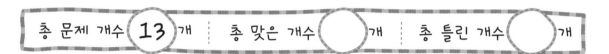

마음에 힘이 되는 글

백아와 종지기

글을 읽고 나서 오늘 공부를 신나게 시작하자고!

　백아와 종지기의 우정에 관한 이야기를 알고 있나요? 옛날 중국에 거문고를 매우 잘 타는 백아라는 사람이 살았답니다. 그에게는 종지기라는 아주 친한 벗이 있었는데, 거문고 소리만 듣고도 백아의 마음을 금방 알았지요. 백아가 높은 산을 그리며 거문고를 타면, 듣고 있던 종지기가 태산이 쑤욱 솟아오르는 것 같다고 말했으니까요. 그런데 병을 앓던 종지기가 죽자, 백아는 거문고 소리를 알아 줄 이가 없다며 거문고 줄을 끊고 다시는 연주하지 않았다고 합니다.

　여러분도 백아와 종지기 같은 친구가 있었으면 싶을 거예요. 눈빛만으로도 서로의 기분을 금세 알아차리는 친구 말이에요. 그런데, 그런 친구를 만들기 위해서는 내가 먼저 다가가야 한답니다. 그리고 친구의 마음을 먼저 이해하고 살펴보세요. 그러다 보면, 두 사람의 우정이 조금씩 쌓여 갈 거예요.

머리 풀어주는 퍼즐

도전 시간	걸린 시간
00 분 20 초	분 초

창의사고력 기초 다지기 정보처리능력 쏙~

다음 규칙 에 따라 출발점에서 도착점까지 선을 그으며 움직여 보세요.

규칙

♠ 위쪽으로 한 칸   ♣ 왼쪽으로 한 칸

♥ 오른쪽으로 한 칸   ◆ 아래쪽으로 한 칸

도전시간

| 5 분 | 40 초 |

걸린시간

| 분 | 초 |

● 오늘의 읽기 자료입니다. 잘 읽고 문제를 풀어 보세요.

　　최근에 몽골에서는 자르갈란트 마을의 농장이 화제에 올랐다. '행복의 땅' 이란 뜻의 자르갈란트 마을은 몽골의 수도 올란바토르 부근에 있는데, 마을 이름 그대로 몽골 사람들에게 '행복의 땅' 이 되고 있기 때문이다.

　　1999년부터 3년간은 몽골 사람들에게 견디기 힘든 시기였다. 기상이변으로 큰 해를 입었기 때문이다. 특히, 2001년에는 영하 52도까지 기온이 떨어지고 폭설까지 내려, 가축 250만 마리가 추위로 죽었다. 소와 양을 키우며 사는 몽골 사람들에게는 너무나도 큰 타격이었다. 삶의 터전을 모두 잃어버린 것이다.

　　이때, 한국의 국제협력단원들이 자르갈란트에 들어와 농장을 만들기 시작했다. 가축 은행을 열어 자연재해로 가축을 잃은 이들에게 소와 양을 빌려 주었고, 가축들이 먹을 건초를 빌려 주는 사료 은행도 열었다. 시름에 빠져 있던 몽골 사람들은 점차 희망을 갖기 시작했다. 몽골에서는 한국을 '솔롱고스의 나라(무지개의 나라)' 라고 부른다. 기상이변이라는 자연재해로 절망에 빠져 있던 몽골 사람들에게 무지개와 같은 희망을 안겨 주었기 때문이다. 자르갈란트 농장의 '행복한 무지개' 는 점점 커지고 있다.

① 핵심어 찾기

다음 문장의 빈칸에 알맞은 낱말을 적어 보세요. 빈칸에 들어갈 낱말이 위 글에서 가장 중요한 핵심어입니다.

문제 개수 2 개

맞은 개수 ⬜ 개

틀린 개수 ⬜ 개

　　자르갈란트 마을은 [가 　　　　　] 으로 삶의 터전을 잃은 몽골 사람들에게 ' [나 　　　　　] ' 이 되고 있다.

126

♥ 다음 보기 를 이용해서 ❷~❸번 문제를 풀어 보세요.

보기
① 몽골
② 기상이변
③ 농장
④ 희망
⑤ 가축과 사료
⑥ 삶의 터전

❷ 글의 짜임 그리기

다음은 위 글의 내용을 한눈에 볼 수 있도록 정리한 표입니다. 빈칸에 보기 의 ①~⑥을 알맞게 넣어 표를 완성해 보세요.

문제 개수 4 개

맞은 개수 ⬜ 개

틀린 개수 ⬜ 개

기상이변의 피해를 딛고 일어서는 몽골

| 1999년부터 3년간 몽골 사람들은 ㉮ 으로 큰 해를 입었다. | ⇨ | 특히, 2001년에는 영하 52도까지 기온이 떨어지고 폭설이 내렸다. | ⇨ | 그로 인해 가축 250만 마리가 죽어, 소와 양을 키우며 사는 몽골 사람들은 ㉯ 을 잃어 버렸다. |

⇩

| 몽골 사람들은 점차 ㉱ 을 갖기 시작했고, 기상이변의 피해를 이겨내고 삶의 터전을 다시 만들고 있다. | ⇦ | 이때, 한국의 국제협력단원들은 자르갈란트 마을에 농장을 만들어 ㉰ 를 빌려 주었다. |

❸ 요약하기

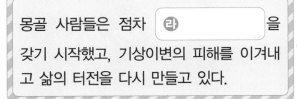

다음은 위 글의 중심 내용을 요약한 것입니다. 빈칸에 보기 의 ①~⑥을 알맞게 넣어 요약 글을 완성해 보세요.

문제 개수 2 개

맞은 개수 ⬜ 개

틀린 개수 ⬜ 개

㉮ 은 1999년부터 3년간 기상이변으로 큰 해를 입었다. 특히 2001년에는 영하 52도까지 기온이 떨어지고 폭설이 내려, 가축 250만 마리가 죽었다. 소와 양을 키우며 사는 몽골 사람들은 삶의 터전을 완전히 잃어 버렸다. 이때, 한국의 국제협력단원들은 자르갈란트 마을에 ㉯ 을 만들고, 가축과 사료를 빌려 주었다. 몽골 사람들은 점차 희망을 갖기 시작했고, 이제는 기상이변의 피해를 이겨내고 삶의 터전을 다시 만들고 있다.

❹
제목
달기

문제 개수 **4** 개

맞은
개수 ◯ 개

틀린
개수 ◯ 개

다음은 위 글의 제목 후보입니다. 먼저, 위 글의 제목으로 가장 알맞은 것을 골라 빈칸에 ○를 하세요. 그런 다음, 주어진 조건에 맞게 ×, △, □를 표시하세요. (단, ○는 딱 한 개만 고르세요.)

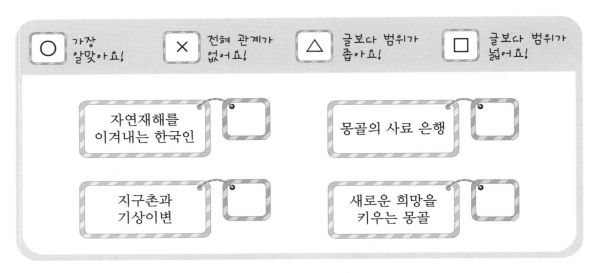

○ 가장 알맞아요! × 전혀 관계가 없어요! △ 글보다 범위가 좁아요! □ 글보다 범위가 넓어요!

| 자연재해를 이겨내는 한국인 | | 몽골의 사료 은행 | |
| 지구촌과 기상이변 | | 새로운 희망을 키우는 몽골 | |

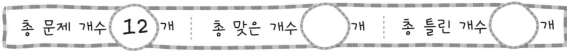

총 문제 개수 **12** 개 총 맞은 개수 ◯ 개 총 틀린 개수 ◯ 개

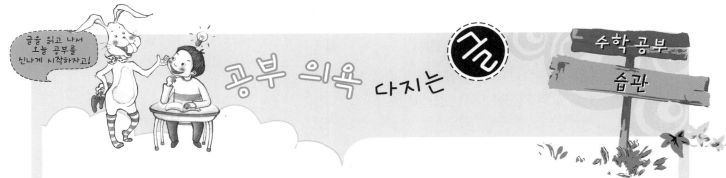

공부 의욕 다지는 12

수학공부 습관

글을 읽고 나서 오늘 공부를 신나게 시작하자고!

　수학을 잘하는 아이와 못하는 아이는 문제를 대하는 태도가 다릅니다. 잘하는 아이는 먼저 문제가 무엇을 묻는 것인지 오래 생각합니다. 충분히 문제를 파악하고 분석하지요. 수학을 못하는 아이는 문제가 요구하는 것이 무엇인지 파악하기도 전에 문제 풀이 과정으로 넘어가려 합니다.

　문제를 보자마자 풀이 과정으로 들어가는 것은 부모도, 학교에서도, 학원에서도 정한 시간 안에 풀기를 재촉하기 때문에 생긴 습관이지요. 하지만 수학을 잘 하려면 먼저 문제를 분석하면서 어떻게 풀 것인지 계획을 세우는 활동을 충분히 해야 합니다. 그 다음 차근차근 풀어가는 습관을 들여야 합니다. 그러면 자연스럽게 속도도 빨라집니다.

　친구들 기억하세요! 빨리 정답을 내는 습관보다는 문제를 충분히 파악하고 분석한 다음 차근차근 푸는 습관이 수학 실력을 키웁니다.

30회

머리 풀어주는

창의사고력 기초 다지기   계산능력 쑥~

빈 곳에 알맞은 수를 써 넣으세요.

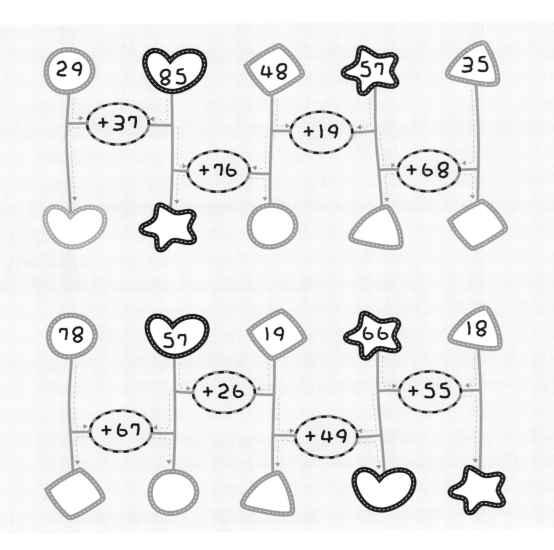

도전시간

| 5 분 | 20 초 |

걸린시간

| 분 | 초 |

● 오늘의 읽기 자료입니다. 잘 읽고 문제를 풀어 보세요.

아이고, 허리야! 아이고, 다리야!

옛날 옛적 하늘이랑 땅이 쩍 붙어 있을 적에, 하늘도 들어 올리고, 오줌이랑 똥으로 바다와 백두산, 한라산을 만들어 준 이 마고할미를 왜 들쑤시는 거야?

그깟 골프장 때문에 멀쩡한 산은 왜 자꾸 허물어? 잔디 때문에 나무를 몽땅 뽑아 숲이 사라지고, 농약 때문에 물은 오염되고, 게다가 무슨 길을 그리도 많이 내! 산마다 구멍을 숭숭 뚫고 삭둑 잘라내니 산짐승들이 오가지도 못하잖아. 그리고 바다의 허파인 갯벌은 왜 갈아엎는데? 그러다 니들은 다시는 조개 구경을 못한다. 그리고 질질 기름 흘리지 말고 배 좀 잘 끌고 다녀. 바다에다 그렇게 아무거나 버리다가는 미역이랑 생선까지 못 먹을 테니. 이 할미가 힘들게 올린 하늘색이 그게 뭐냐? 거무죽죽하니 산성비까지 내린다며. 너도나도 자동차를 끌고 다니다가는 큰 코 다친다. 지구가 덥혀져서 북극의 얼음이 녹아 버리면 네놈들이 살고 있는 땅이 물속으로 퐁당 빠져버리고 말테니까.

이놈들아, 정신 차려! 하늘이랑 땅이랑 바다를 엉망진창으로 만들면 어디서 살 거야? 지금부터라도 지구를 소중히 여기고, 이 세상의 모든 생명을 귀하게 여겨. 자꾸 이 할미 뿔나게 하면, 하늘이랑 땅이랑 다시 철커덕 붙여 놓을 테니, 명심해!

① 핵심어 찾기

다음은 위 글과 관련된 낱말들입니다. 가장 넓은 뜻을 지닌 단어를 찾아 ✔하세요.
표시한 낱말이 위 글에서 가장 중요한 핵심어입니다.

문제 개수 1 개

맞은 개수 ◯ 개

틀린 개수 ◯ 개

☐ 자연 파괴   ☐ 사라지는 숲   ☐ 갯벌 파괴   ☐ 산성비

♥ 다음 보기 를 이용해서 ❷∼❸번 문제를 풀어 보세요.

보기
① 욕심   ② 바다   ③ 골프장
④ 기름 유출   ⑤ 재앙   ⑥ 지구 온난화

❷
글의 짜임
그리기

다음은 위 글의 내용을 한눈에 볼 수 있도록 정리한 표입니다. 빈칸에 보기 의 ①∼⑥을 알맞게 넣어 표를 완성해 보세요.

문제 개수 4 개

맞은 개수 ⬭ 개

틀린 개수 ⬭ 개

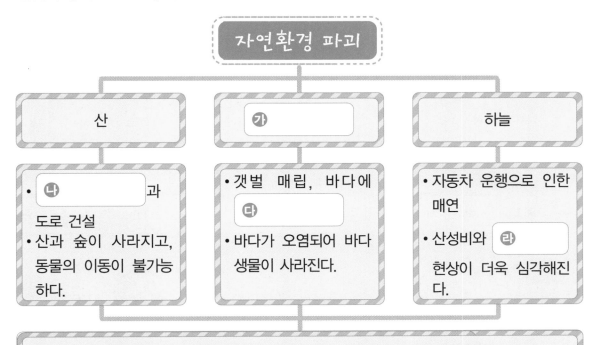

자연환경 파괴

산	㉮	하늘
• ㉯ 과 도로 건설 • 산과 숲이 사라지고, 동물의 이동이 불가능하다.	• 갯벌 매립, 바다에 ㉰ • 바다가 오염되어 바다 생물이 사라진다.	• 자동차 운행으로 인한 매연 • 산성비와 ㉱ 현상이 더욱 심각해진다.

지구의 환경을 소중히 여기지 않으면 인간에게 큰 재앙이 올 것이다.

❸
요약
하기

다음은 위 글의 중심 내용을 요약한 것입니다. 빈칸에 보기 의 ①∼⑥을 알맞게 넣어 요약 글을 완성해 보세요.

문제 개수 2 개

맞은 개수 ⬭ 개

틀린 개수 ⬭ 개

인간의 끊임없는 ㉮   때문에 자연환경이 파괴되고 있다. 골프장과 도로의 건설로 산과 숲이 사라지고, 동물의 이동이 불가능해졌다. 갯벌을 매립하거나 기름 유출 사고로 바다가 오염되어 바다 생물이 사라지고 있다. 지나친 자동차의 사용으로 매연이 급격히 발생하여, 산성비와 지구 온난화가 더욱 심각하다. 인간들이 계속해서 지구의 환경을 소중히 여기지 않는다면, 인간에게도 곧 큰 ㉯ 이 올 것이다.

131

④ 제목달기

다음은 위 글의 제목 후보입니다. 먼저, 위 글의 제목으로 가장 알맞은 것을 골라 빈칸에 ○를 하세요. 그런 다음, 주어진 조건에 맞게 ×, △, □를 표시하세요. (단, ○는 딱 한 개만 고르세요.)

문제 개수 **4** 개

맞은 개수 ◯ 개
틀린 개수 ◯ 개

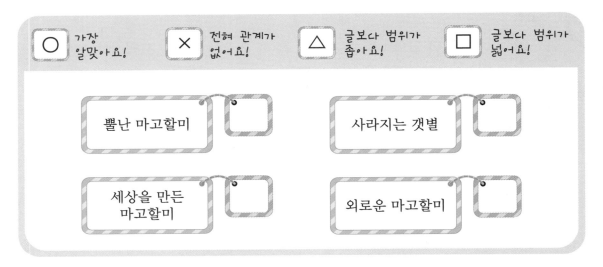

○ 가장 알맞아요!   × 전혀 관계가 없어요!   △ 글보다 범위가 좁아요!   □ 글보다 범위가 넓어요!

뽈난 마고할미	◯
사라지는 갯벌	◯
세상을 만든 마고할미	◯
외로운 마고할미	◯

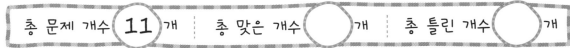

총 문제 개수 ⑪ 개 │ 총 맞은 개수 ◯ 개 │ 총 틀린 개수 ◯ 개

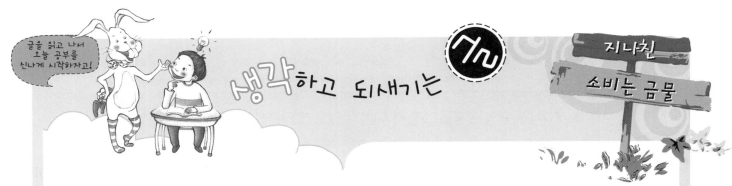

글을 읽고 나서 오늘 공부를 신나게 시작하자고!

생각하고 되새기는 7

지나친 소비는 금물

　먼 친척까지 따져보면 집안에 골칫거리가 하나씩 있어요. 지나친 과소비 때문이에요. 한때는 착실하게 직장을 다니며 돈을 벌기 시작하면서 이것저것 물건을 사들입니다. 주위 사람들은 처음 직장 생활하니까 필요한 게 많아서 그러려니 생각합니다. 하지만 월급을 받아도 거의 저축을 하지 않고, 사용하지도 않는 물건을 점점 더 많이 삽니다.

　주위 사람들이 그만 사들이라고 잔소리를 해도 고쳐지지 않습니다. 홈쇼핑 채널을 보면서 한 달 월급보다 비싼 옷이나 가전제품을 사기도 합니다. 그러다 결국 사고가 터집니다. 이 카드, 저 카드로 마구 물건을 사서 갚을 능력이 없게 되지요. 월급을 받아도 한 푼도 안 남고, 오히려 모자라게 됩니다. 과소비와 쇼핑 중독에 걸린 것입니다.

　분수에 넘는 소비는 자신을 망칠 뿐만 아니라 사회생활까지도 막는답니다. 어린이 여러분도 용돈을 넘는 소비를 하는지 잘 살펴보세요.

132

01 회 13쪽~16쪽

 퍼즐 리

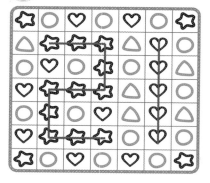

 정답

1 핵심어 찾기 단짝

2 글의 짜임 그리기
- 가-① 특별한 친구
- 나-④ 어려움
- 다-② 단짝

3 요약 하기 ③ 마음

4 제목 달기

친구의 종류 •——• 이 글의 제목으로 딱 좋아

단짝이 소중한 이유 •——• 범위가 너무 좁아

친구와 화해하는 방법 •——• 이 글과 상관없는 제목이야

해설

제시문 정리하기

제시문은 단짝이 소중한 이유에 관한 글입니다. 단짝이란 마음이 잘 통해 늘 함께 어울리는 특별한 친구입니다. 단짝은 어려움을 겪거나 힘들어 할 때 늘 함께 있어 주기 때문에 소중합니다. 소중한 친구 단짝을 만드는 방법은 생각보다 간단합니다. 먼저 누군가의 단짝이 되어 준다면, 누구나 단짝 친구를 만들 수 있습니다.

4 제목 달기

▶ **친구의 종류** : 함께 생활하는 공간과 성별에 따라 친구의 종류를 나눌 수 있지만, 이는 제시문 내용의 일부입니다. 따라서 이 글의 제목으로는 범위가 좁습니다.

▶ **단짝이 소중한 이유** : 제시문은 마음을 나누는 친구인 단짝이 소중한 이유에 대해 소개하고 있습니다. 따라서 이 글의 제목으로 알맞습니다.

▶ **친구와 화해하는 방법** : 제시문에는 다툰 친구와 화해하는 방법에 대해서 나와 있지 않습니다. 따라서 이 글의 내용과는 상관없는 제목입니다.

 02 회 17쪽~20쪽

 퍼즐 ④

 정답

1 핵심어 찾기 8(단어 해설 부분 제외), 1, 3

---

2 글의 짜임 그리기
- 가-④ 쉬는 시간
- 나-② 솔직하게

3 요약 하기 ③ 길동무

4 제목 달기 친구를 빨리 사귀는 방법

해설

제시문 정리하기

제시문은 처음 만난 반 아이들과 빨리 친구가 되는 방법에 관해 상담하는 글입니다. 우선, 사귀고 싶은 친구를 찾아 봅니다. 그리고 쉬는 시간이 되면 그 친구에게 "같이 화장실 갈래?" 하면서 말을 걸어 봅니다. 하굣길에는 길동무도 해 봅니다. 그리고는 헤어질 무렵 "너와 친하게 지내고 싶어." 하고 솔직하게 이야기합니다. 적극적인 행동은 친구를 빨리 사귀는 지름길이랍니다.

4 제목 달기

▶ **친구를 빨리 사귀는 방법** : 제시문은 새 학년이 되어 친구를 빨리 사귀는 방법에 대한 글입니다. 화장실을 같이 간다거나, 하굣길 길동무가 된다거나, 친하게 지내고 싶다고 솔직하게 고백하는 것을 소개합니다. 따라서 주어진 어휘를 이용하면 '친구를 빨리 사귀는 방법'이 가장 알맞은 제목입니다.

 **03** 회 21쪽~24쪽

 **퍼즐** ②, ④, ⑥, ⑧

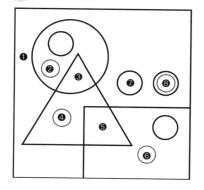

정답

1 핵심어 찾기 ○, ×, ○, ○, ×

2 글의 짜임 그리기 ㉮-② 환온과 은호
㉯-④ 귀양을 보낸다
㉰-③ 죽고 만다

3 요약 하기 ① 죽마고우

4 제목 달기 ○, ×, ×, △

 해설

제시문 정리하기

제시문은 '죽마고우'에 얽힌 이야기입니다. 옛날 중국 진나라 때에 환온과 은호라는 죽마고우가 있었습니다. 세월이 흘러 환온은 유명한 장수가 되었고, 은호는 학식과 재능이 뛰어난 학자가 되었습니다. 어느 날 은호가 벼슬을 받자 환온은 이를 시기하게 되고, 전쟁에 패한 책임을 물어 은호를 귀양 보냅니다. 귀양지에서 환온의 안부 편지를 받은 은호는 답장을 씁니다. 하지만 기쁜 마음에 그만 실수로 빈 봉투를 보내고 맙니다. 빈 봉투를 받은 환온은 크게 화를 내었고, 결국 은호는 귀양지에서 죽고 말았습니다.

4 제목 달기

▶ **죽마고우에 얽힌 이야기** : 죽마고우는 어릴 때부터 친하게 지내온 친구를 일컫는 말입니다. 제시문은 그에 얽힌 이야기를 소개하고 있으므로, 이것이 이 글의 제목으로 알맞습니다.

▶ **진정한 친구** : 제시문은 죽마고우의 뜻과 그에 얽힌 이야기를 소개하고 있습니다. 따라서 이 제목은 제시문의 내용과는 관계가 없습니다.

▶ **친구가 좋은 이유** : 제시문에는 친구가 좋은 이유에 대해 나와 있지 않습니다. 따라서 이 글의 내용과는 관계가 없습니다.

▶ **은호의 죽음** : 은호의 죽음에 관한 부분은 죽마고우에 관한 이야기의 일부분입니다. 따라서 이 글의 제목으로는 범위가 좁습니다.

 **04** 회 25쪽~28쪽

 퍼즐 ❸, ❶

 정답

1 핵심어 찾기 가족

2 글의 짜임 그리기 ㉮-⑥ 2세대 가족
㉯-③ 미혼 자녀
㉰-① 핵가족
㉣-④ 다문화 가족

3 요약 하기 ㉮-② 대가족
㉯-⑤ 복잡해지면서

4 제목 달기 ○, △, ×

해설

4 제목 달기

▶ **가족의 종류** : 제시문은 가족을 세대에 따라 1세대 가족, 2세대 가족, 3세대 가족으로, 그 모습에 따라 대가족, 핵가족으로 나누고 있습니다. 그러므로 이것이 이 글의 제목으로 알맞습니다.

▶ **다문화 가족이란** : 제시문에는 가족의 종류로 가족 중 한 사람이 외국인인 다문화 가족에 대해 소개하고 있지만 글의 일부분입니다. 따라서 이 글의 제목으로는 범위가 좁습니다.

▶ **다른 나라의 가족 형태** : 제시문에는 다른 나라의 가족 형태에 대해서는 설명하고 있지 않습니다. 따라서 이 글의 내용과는 관계가 없습니다.

 **05** 회 29쪽~32쪽

 퍼즐 7, 10

1→2→1→2→1 순서로 더합니다.
1+2+1+2+1=7

3→1→1→3→1→1 순서로 더합니다.
3+1+1+3+1+1=10

 정답

1 핵심어 찾기 ○, ○, ○, ×, ○, ○, ×

2 글의 짜임 그리기
㉮-① 서로 다른 세 가족
㉯-⑥ 수양 가족
㉰-④ 친부모, 친형제, 친척
㉣-⑤ 진짜 가족

3 요약 하기 ㉮-③ 기쁨과 슬픔
㉯-② 어려움

4 제목 달기

진짜 가족이란 ●————● 이 글의 제목으로 딱 좋아

기쁨을 나누는 가족 ●————● 범위가 너무 좁아

다양한 가족의 종류 ●————● 이 글과 상관없는 제목이야

 해설

제시문 정리하기

제시문은 한 어린이의 가족 소개를 통해 진정한 가족에 대해 생각해 보는 글입니다. 어린이의 가족은 수양 가족입니다. 친부모도 친형제도 그리고 친척도 아닌, 서로 다른 세 가족이 모인 가족이기 때문입니다. 그래서 친구들은 그 가족이 진짜 가족이 아니라고 하기도 합니다. 하지만 어린이는 자신의 가족이야 말로 진짜 가족이라고 생각합니다. 서로 기쁨과 슬픔을 함께 나누고, 어려움도 함께 해결해 나가기 때문입니다.

4 제목 달기

▶ **진짜 가족이란** : 제시문은 서로 기쁨과 슬픔을 나누고, 어려움도 함께 해결해 나가는 것이야 말로 진짜 가족이라고 설명합니다. 그러므로 이것이 이 글의 제목으로 알맞습니다.

▶ **기쁨을 나누는 가족** : 기쁨을 나누는 가족은 진짜 가족이 되는 조건 중에 하나입니다. 따라서 이 글의 제목으로는 범위가 좁습니다.

▶ **다양한 가족의 종류** : 제시문에는 다양한 가족의 종류에 대해서는 나와 있지 않으

므로, 이것은 이 글의 내용과는 관계가 없습니다.

 6개

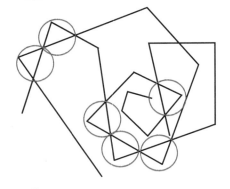

① 핵심어 찾기 ○, ×, ○, ○, ○, ○, ○

② 글의 짜임 그리기 ㉮-④ 모계 사회
　　　　　　　　　㉯-② 외삼촌
　　　　　　　　　㉰-③ 야사혼

③ 요약 하기 ① 부모의 이혼

④ 제목 달기 모쒀족의 독특한 결혼 풍습,
　　　　　　야사혼

제시문 정리하기

제시문은 중국의 소수 민족인 모쒀족의 결혼 풍습에 관한 글입니다. 모쒀족은 중국의 원난성에 살고 있는데, 집안의 재산을 맏딸에게 물려주고 아이들도 엄마의 성을 따르는 모계 사회입니다. 모쒀족은 외삼촌이 누나나 여동생의 아이들인 조카를 돌보며 함께 사는데, '야사혼'이란 독특한 결혼 풍습 때문입니다. 모쒀족의 남자는 결혼을 하더라도 조카들을 돌보며 지내다가 나이가 들어서야 아내와 함께 지낼 수 있습니다. 이런 독특한 결혼 풍습으로 인해 모쒀족 아이들은 이혼으로 인한 아픔을 겪지 않는다고 합니다.

④ 제목 달기

▶ 모쒀족의 독특한 결혼 풍습, 야사혼 : 모쒀족은 중국의 소수민족으로 모계 사회의 특징을 지니고 있습니다. 제시문은 이들의 결혼 풍습인 야사혼에 대해 소개하고 있습니다. 따라서 주어진 어휘를 이용한 알맞은 제목은 '모쒀족의 독특한 결혼 풍습, 야사혼'입니다.

 ❷

① 핵심어 찾기 반려동물, 애완동물

② 글의 짜임 그리기
　　　㉮-② 장난감
　　　㉯-⑥ 병
　　　㉰-④ 가족처럼 여겨야 한다

③ 요약 하기 ㉮-① 치료
　　　　　　㉯-③ 버리기까지 합니다
　　　　　　㉰-⑤ 생명

④ 제목 달기 ○, □, △, ×

제시문 정리하기

제시문은 반려동물과 애완동물의 의미를 비교한 글입니다. 반려동물과 애완동물은 같으면서 서로 다른 말입니다. 우선, 반려동물이란 가족처럼 여기고 기르는 동물을 의미합니다. 동물이 산책 중에 배설을 하면 깨끗이 치우고 병이 나면 정성껏 치료해 줍니다. 반면에, 애완동물이란 귀엽고 좋아서 기르는 동물을 의미하고, 동물을 장난감으로 여깁니다. 산책 중 동물이 배설을 하면 치우지도 않을뿐더러, 병이 나면 버리기까지 합니다. 모든 동물은 소중한 생명을 지니고 있습니다. 따라서 기르는 동물을 가족처럼 여겨야 합니다.

④ 제목 달기

▶ 반려동물과 애완동물 : 제시문은 반려동물과 애완동물의 의미, 이들을 대하는 태도의 차이점에 대해 설명합니다. 그러므로 이것이 이 글의 제목으로 알맞습니다.

▶ 동물을 대하는 바람직한 태도 : 제시문은 모든 동물이 아닌 반려동물과 애완동물에 대한 태도만을 말합니다. 따라서 이 글의 내용으로는 범위가 넓습니다.

▶ 강아지와 산책할 때의 예절 : 강아지와 산책할 때의 예절은 제시문 내용의 일부이므로, 이 글의 내용으로는 범위가 좁습니다.

▶ 달팽이를 기르는 방법 : 제시문에는 달팽이를 기르는 방법에 대해 나와 있지 않습니다. 따라서 이 글의 내용과는 관계없는 제목입니다.

 ❷

① 핵심어 찾기 ○, ○, ×, ○, ×, ○, ○

② 글의 짜임 그리기 ㉮-⑥ 목줄
　　　　　　　　　㉯-④ 비닐봉지
　　　　　　　　　㉰-① 이동 상자

③ 요약 하기 ㉮-② 외출 ㉯-⑤ 용변
　　　　　　㉰-③ 대중교통

④ 제목 달기

애완동물을 구입하는 방법 ●
애완동물과 외출하는 방법 ●
애완동물 기르기 ●
애완동물을 기르는 예절 ●

● 이 글의 제목으로 딱 좋아
● 범위가 너무 좁아
● 범위가 너무 넓어
● 이 글과 상관없는 제목이야

해설

제시문 정리하기

제시문은 애완동물을 기를 때에 필요한 예절에 대해서 쓴 일기입니다. 애완동물과 산책을 할 때에는 반드시 목줄과 신문지·비닐봉지·집게를 준비해야 합니다. 목줄은 애완동물을 함부로 풀어놓지 않기 위해서, 신문지 등은 애완동물의 용변을 청소하기 위해서입니다. 특히, 대중교통을 탈 때에는 애완동물을 이동 상자나 가방에 넣어서 이동해야 합니다.

④ 제목 달기

▶ **애완동물을 구입하는 방법** : 제시문에는 애완동물을 구입하는 방법에 대해 나와 있지 않으므로, 이 글과는 상관없는 제목입니다.

▶ **애완동물과 외출하는 방법** : 제시문에는 애완동물과 외출할 때 필요한 예절 말고도 대중교통을 이용하는 예절에 대해 소개하고 있습니다. 따라서 이것은 제목으로 범위가 좁습니다.

▶ **애완동물 기르기** : 애완동물을 기르는 방법은 먹이주기, 보살피기 등 여러 가지가 있습니다. 따라서 이 글의 제목으로는 범위가 넓습니다.

▶ **애완동물을 기르는 예절** : 제시문은 애완동물을 기를 때 필요한 예절에 관해 소개하고 있습니다. 그러므로 이 글의 제목으로 알맞습니다.

09 회 45쪽~48쪽

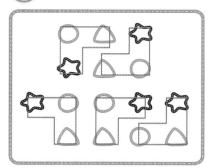

정답

① 핵심어 찾기 동물 매개 치료법

② 글의 짜임 그리기
㉮-③ 중증 장애
㉯-② 사랑
㉰-④ 돌고래

③ 요약 하기
㉮-⑥ 동물
㉯-① 개, 고양이, 말
㉰-⑤ 마음

④ 제목 달기 □, ×, ○, △

해설

제시문 정리하기

제시문은 돌고래 의사 돌핀의 편지입니다. 편지는 중증 장애를 앓고 있는 아이들의 치료에 동물을 이용하는 동물 매개 치료법을 소개하고 있습니다. 이 치료법에 이용되는 동물은 개, 고양이, 말 등이 있습니다. 장애 아들은 자신의 마음을 읽고 행동하는 동물에게 마음을 열게 되는데, 동물과 사람 사이의 사랑을 이용하여 치료를 하는 것입니다. 실제로 미국에서는 돌고래를 이용하여 중증 장애아를 치료하기도 합니다.

④ 제목 달기

▶ **동물과 인간** : 인간은 동물을 여러 가지 목적으로 이용하고 있습니다. 그 중 하나가 동물 매개 치료입니다. 따라서 이 글의 제목으로는 범위가 넓습니다.

▶ **사람의 병을 치료하는 개** : 제시문은 동물 매개 치료법의 예로 돌고래를 이용한 치료를 소개하고 있으므로, 이 글의 내용과는 관계가 없습니다.

▶ **동물 매개 치료법** : 제시문은 돌고래 의사의 편지를 통해 동물 매개 치료법에 대해 소개하고 있습니다. 그러므로 이 글의 제목으로 알맞습니다.

▶ **돌고래를 이용한 장애아 치료** : 돌고래를 이용한 장애아 치료는 동물 매개 치료법의 한 예입니다. 따라서 이 글의 제목으로는 범위가 좁습니다.

10 회 49쪽~52쪽

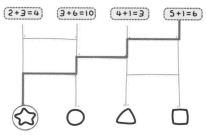

정답

① 핵심어 찾기 1, 11, 3

② 글의 짜임 그리기
㉮-⑤ 지렁이
㉯-④ 최훈근
㉰-⑥ 전문가

③ 요약 하기
㉮-② 미쳤다 ㉯-③ 논문
㉰-① 폐기물 처리

④ 제목 달기 ○, △, ×, □

해설

제시문 정리하기

제시문은 '지렁이 박사' 최훈근의 이야기입니다. 20여 년 전 어느 날, 키우던 지렁이가 자꾸 죽는 이유를 알고 싶다며 어떤 부부가 그를 찾아왔습니다. 당시 박사는 폐기물 처리를 연구하고 있었습니다. 이 일을 계기로 그는 지렁이 연구에 몰두하게 되었습니다. 사람들은 그가 미쳤다고 말하기도 했고, 논문 제목에서 '지렁이'란 말을 빼라고 권하기도 했습니다. 결국, 그는 지렁이가 폐기물 처리의 전문가임을 밝히고 우리나라 최초의 '지렁이 박사'가 되었습니다.

④ 제목 달기

▶ **지렁이 박사, 최훈근** : 제시문은 '미쳤다'는 소리를 들으면서도 지렁이 연구에 몰두한 최훈근 박사의 이야기입니다. 따라서 이 글의 제목으로 알맞습니다.

▶ **폐기물 처리 전문가, 지렁이** : 제시문에는 지렁이를 폐기물 처리 전문가로 소개

하고 있지만, 이 글의 중심은 최훈근 박사입니다. 따라서 이 글의 제목으로는 범위가 좁습니다.

▶ **쓰레기로 몸살을 앓는 지구** : 제시문에는 쓰레기로 고통받는 지구에 관한 이야기가 나오지 않으므로, 이 글의 제목과 관계가 없습니다.

▶ **우리 생활과 지렁이** : 지렁이는 우리 생활에게 도움을 주는 좋은 동물입니다. 하지만 이 글에는 폐기물 처리에 관한 예만 나옵니다. 따라서 이 글의 제목으로 범위가 넓습니다.

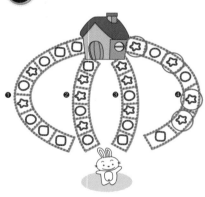

① **핵심어 찾기** ◯, ✕, ◯, ◯, ✕, ◯, ✕

② **글의 짜임 그리기** ㉮-② 재활용 악기
　　　　　　　　　 ㉯-① 파이프
　　　　　　　　　 ㉰-⑤ 하품
　　　　　　　　　 ㉱-③ 환경미화원

③ **요약 하기** ㉮-④ 노리단
　　　　　　　 ㉯-⑥ 쓰레기

④ **제목 달기** 재활용 악기를 연주하는 노리단

해설

제시문 정리하기

제시문은 음악계의 '정크아트'를 만드는 노리단을 소개하고 있습니다. 노리단은 쓰레기를 이용하여 재활용 악기를 만드는 사람들입니다. 그들이 만드는 악기에는 '한내, 감돌, 하품, 장화'가 있습니다. '한내'는 버려진 파이프로, '감돌'은 폐차된 자동차 바퀴의 휠로, '하품'은 빈 콜라병으로, '장화'는 헌 고무장화로 만듭니다. 환경미화원 옷을 입고 재활용 악기를 길거리에서 연주하는 노리단의 공연을 보면서, 사람들은 무심코 버리던 쓰레기를 다시 보게 됩니다.

④ **제목 달기**

▶ **재활용 악기를 연주하는 노리단** : 제시문은 쓰레기를 재활용해서 '한내, 감돌, 하품, 장화'라는 새로운 악기를 만들어 낸 노리단에 대해 소개합니다. 따라서 주어진 어휘를 이용하여 '재활용 악기를 연주하는 노리단'이라는 제목을 붙일 수 있습니다.

① **핵심어 찾기** 재활용 쓰레기

② **글의 짜임 그리기** ㉮-② 합성수지 용기
　　　　　　　　　 ㉯-③ 묶어서 버린다
　　　　　　　　　 ㉰-④ 나누어 버린다
　　　　　　　　　 ㉱-⑤ 쓰레기 분리 배출

③ **요약 하기** ㉮-① 속에 넣어서
　　　　　　　 ㉯-⑥ 환경 오염

---

④ **제목 달기**

쓰레기 분리 배출을 하는 이유　　이 글의 제목으로 딱 좋아

재활용 쓰레기 버리는 방법　　범위가 너무 좁아

환경 오염의 원인　————　이 글과 상관없는 제목이야

해설

제시문 정리하기

제시문은 재활용 쓰레기를 분리하여 배출하는 방법을 소개하는 글입니다. 재활용 쓰레기에는 종이, 유리, 철, 합성수지 용기가 있습니다. 재활용 쓰레기를 버릴 때에는 종이는 종류별로 묶어서, 유리는 뚜껑을 떼고 속을 비운 후 색깔별로 나누어서, 캔은 뚜껑을 열 때 썼던 고리를 속에 넣어서, 합성수지 용기는 용기 겉의 삼각형 안에 표시된 종류별로 나누어서 버려야 합니다. 환경 오염을 줄이고 자원을 재활용하기 위해서는 반드시 쓰레기를 분리해서 배출해야 합니다.

④ **제목 달기**

▶ **쓰레기 분리 배출을 하는 이유** : 제시문은 재활용 쓰레기를 버리는 방법에 대해 주로 설명하고 있으므로, 이것은 이 글의 제목으로 범위가 좁습니다.

▶ **재활용 쓰레기 버리는 방법** : 제시문은 종이, 유리, 철, 합성수지 용기로 나누어지는 재활용 쓰레기를 버리는 방법에 대해 자세하게 소개하고 있습니다. 따라서 이 글의 제목으로 알맞습니다.

▶ **환경 오염의 원인** : 제시문에는 환공 오염의 원인에 대해 나와 있지 않습니다. 따라서 이 글의 내용과는 상관없는 제목입니다.

정답

① 핵심어 찾기 땅따먹기

② 글의 짜임 그리기 ㉮-⑥ 작은 돌
㉯-② 집
㉰-④ 세 번째
㉱-⑤ 많은 땅

③ 요약 하기 ㉮-① 원
㉯-③ 구석

④ 제목 달기 □, ×, △, ○

 해설

제시문 정리하기

제시문은 놀이박사의 편지로, 우리나라 전래놀이인 땅따먹기의 방법에 대해 소개하고 있습니다. 넓은 공터에서 하는 놀이인 땅따먹기는 작은 돌만 준비하면 됩니다. 놀이 방법은 다음과 같습니다. 우선, 땅에 원이나 사각형을 커다랗게 그린 후, 손으로 한 뼘씩 재어 한 구석에 집을 만듭니다. 차례대로 자기 집에서부터 돌을 세 번 튕기며 선을 긋습니다. 선 안쪽의 땅이 자기 것이 됩니다. 단, 세 번째 튕긴 돌이 집으로 돌아오지 않으면 다음 사람이 놀이를 합니다. 따먹을 땅이 없을 때까지 하며, 가장 많은 땅을 차지한 사람이 이깁니다.

④ 제목 달기

▶ **다양한 전래놀이** : 전래놀이에는 여러 가지 종류가 있습니다. 제시문에는 그 중 하나인 땅따먹기의 방법을 소개하고 있습니다. 따라서 이 글의 제목으로는 범위가 넓습니다.

▶ **전래놀이의 유래** : 제시문에는 전래놀이의 유래에 대해 나와 있지 않으므로, 이 글의 내용과는 상관없는 제목입니다.

▶ **땅따먹기의 준비물** : 땅따먹기를 할 때 준비할 것은 제시문 내용의 일부입니다. 그러므로 이 글의 제목으로는 범위가 좁습니다.

▶ **땅따먹기 놀이하는 법** : 제시문은 땅따먹기를 하는 법에 대해 자세하게 소개하고 있습니다. 그러므로 이 글의 제목으로 적합합니다.

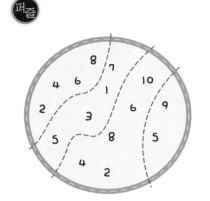

 정답

① 핵심어 찾기 2, 6, 1

② 글의 짜임 그리기 ㉮-② 가위는 사람
㉯-⑥ 중국
㉰-③ 엄지(개구리)를 이긴다.
㉱-① 보는 코끼리

③ 요약 하기 ㉮-⑤ 인도
㉯-④ 더불어 살아가라

④ 제목 달기

 해설

제시문 정리하기

제시문은 술래나 순서를 정할 때 하는 가위바위보에 대해 소개하고 있습니다. 가위바위보는 우리나라뿐만이 아니라 중국과 인도에도 있습니다. 우리나라에서 가위는 사람을, 바위는 땅을, 보는 하늘을 뜻한답니다. 중국에서 엄지는 개구리를, 검지는 뱀을, 새끼손가락은 달팽이를 의미하지요. 인도에서는 가위는 쥐를, 바위는 호랑이를 보는 코끼리를 뜻합니다. 그런데, 가위든 보든 바위든

늘 이기기만 하는 것은 없습니다. 이는 우리에게 세상 모든 것이 소중하고 강하므로 더불어 살아가라는 의미를 일깨워 줍니다.

④ 제목 달기

▶ **중국의 가위바위보** : 제시문은 여러나라의 가위바위보를 소개합니다. 중국의 가위바위보는 그 중 하나입니다. 따라서 이 글의 제목으로는 범위가 너무 좁습니다.

▶ **손으로 하는 놀이** : 제시문에는 손으로 하는 놀이에 대해 나와 있지 않으므로, 이 글과는 상관없는 제목입니다.

▶ **여러나라의 가위바위보** : 본문은 가위바위보 놀이를 하고 있는 여러 나라를 소개합니다. 따라서 이 글의 제목으로 알맞습니다.

 4, 3, 2

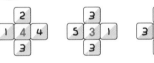

 정답

① 핵심어 찾기 ×, ○, ○, ○, ○, ×, ○

② 글의 짜임 그리기 ㉮-① 뻥차 군
㉯-⑥ 인터넷 게임
㉰-④ 땀을 흘리면

③ 요약 하기 ㉮-② 놀이
㉯-⑤ 공차기
㉰-③ 규칙대로만 하면

④ 제목 달기 △, ×, ○, □

 해설

제시문 정리하기

제시문은 뻥차 군과 클릭 군이 나누는 대화 글로, 대표적인 바깥 놀이인 공차기와 실내 놀이인 컴퓨터 게임을 비교하는 글입니다. 뻥차 군과 클릭 군은 서로 좋아하는 놀이가 다릅니다. 뻥차 군은 친구들과 공차기를 하

면서 놉니다. 뻥차 군은 밖에서 놀면서 땀을 흘리면 기분이 좋아지기 때문입니다. 그리고 규칙을 마음대로 바꿀 수 있어 더욱 재미있다고 합니다. 반면, 클릭 군은 인터넷 게임을 합니다. 클릭 군은 집에서 노는 것을 더 좋아하기 때문입니다. 그리고 인터넷 게임은 정해진 규칙대로만 하면 친구들과 다투지 않고 사이좋게 놀 수 있다고 합니다.

④ 제목 달기

▶ **공차기가 좋은 이유** : 제시문은 공차기와 인터넷 게임에 대해 비교하고 있으므로, 이것은 이 글의 제목으로 범위가 좁습니다.

▶ **실내 놀이의 장단점** : 제시문에는 클릭 군이 인터넷 게임을 좋아하는 이유에 대해서만 나와 있습니다. 따라서 이 글의 내용과는 관계가 없습니다.

▶ **공차기와 인터넷 게임의 비교** : 제시문은 뻥차 군이 좋아하는 공차기와 클릭 군이 좋아하는 인터넷 게임에 대한 글이므로 이 글의 제목으로 알맞습니다.

▶ **아이들이 좋아하는 놀이** : 아이들마다 좋아하는 놀이가 있습니다. 제시문은 그 중에서도 공차기와 인터넷 게임에 대한 글입니다. 따라서 이것은 이 글의 제목으로 범위가 넓습니다.

① 핵심어 찾기 에너지

② 글의 짜임 그리기 ㉮-② 자연의 힘
㉯-④ 증기 기관
㉰-⑤ 화석 연료의 힘
㉱-③ 환경 오염
㉲-⑥ 대체 에너지

③ 요약 하기 ⑥ 대체 에너지

④ 제목 달기 △, ○, □ ×

해설

제시문 정리하기

제시문은 에너지의 역사에 대해 소개합니다. 인간은 오랜 옛날부터 바퀴와 지렛대를 이용해 인간과 동물의 힘을 에너지로 사용했습니다. 또한 물레방아와 수차를 이용해 자연의 힘도 에너지로 사용했습니다. 16세기가 되어서야 증기의 힘을 이용한 증기 기관을 발명하여 산업혁명을 맞이하였고, 발전기를 이용하는 화석 연료가 그 뒤를 이었습니다. 그러나 지나친 화석 연료의 사용은 환경 오염을 가져왔습니다. 미래에는 환경 오염이 없는 태양열과 풍력, 수소 등의 대체 에너지가 사용될 것입니다.

④ 제목 달기

▶ **인류 최초의 에너지** : 제시문은 인류 최초의 에너지 외에도 여러 가지 에너지에 대해 소개합니다. 이 글의 제목으로 범위가 좁습니다.

▶ **인류의 에너지 역사** : 제시문은 인간과 동물의 힘으로 시작한 인류의 에너지 역사가 어떻게 변화하였는지 살펴보고 있으므로, 이 글의 제목으로 알맞습니다.

▶ **에너지의 종류와 장단점** : 제시문에는 여러 가지 에너지의 종류에 대해서만 나와 있습니다. 따라서 이 글의 제목으로는 범위가 넓습니다.

▶ **우주를 움직이는 에너지** : 제시문에서는 우리가 사용하는 에너지의 역사에 대해서 소개하므로, 이것은 이 글의 내용과는 관계가 없습니다.

① 핵심어 찾기 대체 에너지

② 글의 짜임 그리기 ㉮-② 자전거 발전기
㉯-① 바이오 가스레인지
㉰-③ 소똥

---

③ 요약 하기 ④ 태양열 오븐 조리기

④ 제목 달기 에너지를 만드는 민들레 학교

해설

제시문 정리하기

제시문은 에너지를 만드는 민들레 학교의 이야기입니다. 민들레 학교의 에너지는 사람의 힘, 태양 그리고 소똥입니다. 쉬는 시간이면, 학생들은 교실을 밝힐 전기를 만들기 위해 자전거 발전기의 페달을 부지런히 밟습니다. 빵을 구울 때는 태양열 오븐 조리기를 이용하고, 밥을 지을 때는 소똥을 물과 발효시킨 가스를 사용하는 가스레인지를 이용합니다. 민들레 학교의 학생들은 필요한 에너지를 스스로 만들어서 사용합니다.

④ 제목 달기

▶ **에너지를 만드는 민들레 학교** : 제시문은 자전거 페달을 돌리며 전기를 만들어 내는 민들레 학교의 이야기입니다. 민들레 학교에서 사용하는 에너지는 모두 학생들이 만들어 냅니다. 따라서 주어진 어휘를 이용하면 '에너지를 만드는 민들레 학교'가 제목으로 알맞습니다.

① 핵심어 찾기 ○, ○, ○, ×, ○, ×, ○

② 글의 짜임 그리기 ㉮-② 전자제품
㉯-⑥ 내복
㉰-④ 수돗물

③ 요약 하기 ㉮-③ 플러그
㉯-① 실내 온도
㉰-⑤ 도시

④ 제목 달기 ×, △, ○

해설

제시문 정리하기

제시문은 가정에서 에너지를 절약하는 방법에 대해 쓴 일기문입니다. 집에서 에너지를 절약하기 위해서는 우선, 사용하지 않는 전자제품의 플러그는 뽑아 두고, 에너지 효율 등급이 높은 제품으로 구입합니다. 여름철에는 적정 실내 온도를 지키고, 겨울철에는 내복을 꼭 입습니다. 수돗물도 전기로 만들 수 있는 것이므로 아껴서 사용해야 합니다. 도시에서 우리나라 전기 생산량의 대부분을 사용합니다. 따라서 도시에 사는 사람들은 더욱 에너지를 절약해야 합니다.

④ 제목 달기

▶ **편리한 도시 생활** : 제시문은 가정에서 실천할 수 있는 에너지 절약 방법에 대한 내용이므로, 이 글의 내용과는 관계가 없습니다.

▶ **가전제품 구입 방법** : 에너지 효율 등급이 높은 가전제품을 구입하는 것은 에너지절약을 실천하는 여러 방법 중에 하나입니다. 따라서 이 글의 제목으로는 범위가 좁습니다.

▶ **에너지 절약 방법** : 제시문은 에너지 절약 방법 다섯 가지를 제시합니다. 그러므로 이 글의 제목으로 알맞습니다.

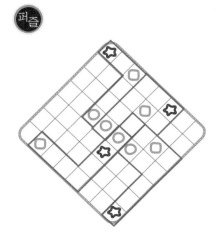

 정답

① 핵심어 찾기 장애인

② 글의 짜임 그리기 ㉮-④ 조건이 달라
㉯-③ 똑같은 사람
㉰-⑥ 휠체어
㉱-② 반말

③ 요약 하기 ㉮-① 예절
㉯-⑤ 안내견

④ 제목 달기

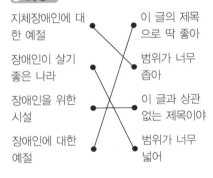

 해설

제시문 정리하기

제시문은 장애인에게 지켜야할 예절에 관한 글입니다. 장애인은 나와 신체적·정신적으로 조건이 다를 뿐입니다. 따라서 나와 똑같은 사람으로 받아들이고, 정해 놓은 예절을 지켜야만 합니다. 지체 장애인은 도움을 요청할 때에만 휠체어를 밀어 주고, 지적 장애인에게는 함부로 반말을 사용해선 안 되며, 청각 장애인 앞에서 함부로 말하지 않습니다. 시각 장애인의 안내견에게는 마음대로 먹을 것을 주어서는 안 됩니다.

④ 제목 달기

▶ **지체 장애인에 대한 예절** : 제시문에는 지체 장애인 뿐만 아니라 지적 장애인, 청각 장애인, 시각 장애인에 대한 예절도 나와 있습니다. 따라서 이 글의 제목으로는 범위가 좁습니다.

▶ **장애인이 살기 좋은 나라** : 장애인이 살기 좋은 나라가 되기 위해서는 장애인에 대한 여러 가지 제도와 시설이 필요합니다. 그러므로 이 글의 제목으로는 범위가 넓습니다.

▶ **장애인을 위한 시설** : 제시문에는 장애인을 위한 시설에 대해 나와 있지 않으므

로, 이 글의 내용과는 상관이 없습니다.

▶ **장애인에 대한 예절** : 제시문에는 장애인들이 겪고 있는 장애에 따라 지켜야할 예절을 소개합니다. 따라서 이 글의 제목으로 알맞습니다.

 퍼즐

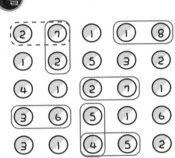

 정답

① 핵심어 찾기 장애인 편의 시설

② 글의 짜임 그리기 ㉮-② 엘리베이터
㉯-③ 저상 버스

③ 요약 하기 ㉮-① 휠체어
㉯-④ 장애인 주차 구역

④ 제목 달기 △, ○, ×, □

 해설

제시문 정리하기

제시문은 지체 장애인 올가와 함께 스웨덴의 장애인 편의 시설을 살펴보는 내용입니다. 스웨덴은 장애인을 위한 편의 시설을 잘 갖춘 것으로 유명합니다. 지하철역마다 장애인을 위한 엘리베이터를 설치했고, 차 안에는 휠체어를 위한 빈 공간을 마련했습니다. 모든 버스는 바닥이 낮은 저상 버스고, 어느 도로에나 장애인 주차 구역이 있습니다. 특히, 거리 곳곳에 장애인 화장실이 있습니다. 역시, 스웨덴은 장애인이 살기 좋은 장애인 천국입니다.

④ 제목 달기

▶ 스웨덴 지하철의 장애인 편의 시설 : 지하철에 설치된 장애인 편의 시설은 장애인을 위한 시설 중에 하나입니다. 따라서 이 글의 제목으로는 범위가 좁습니다.

▶ 장애인의 천국, 스웨덴 : 제시문은 장애인을 위해 거의 완벽한 편의 시설을 마련한 스웨덴을 소개하고 있으므로, 이 글의 제목으로 알맞습니다.

▶ 올가의 스웨덴 여행 : 올가는 스웨덴에서 살고 있는 지체 장애인으로, 기자와 함께 여행을 하는 것이 아니라 스웨덴의 장애인 편의 시설을 소개합니다. 그러므로 이 글의 내용과는 상관이 없습니다.

▶ 완벽한 스웨덴의 공공시설 : 장애인 편의 시설은 공공시설 중에 하나입니다. 따라서 이 글의 제목으로는 범위가 넓습니다.

 21회 93쪽~96쪽

 퍼즐 7, 11

12	10	13	4
5	2	16	6
3	8	11	15
9	14	7	1

2	7	15	4
10	14	1	9
3	5	11	12
8	13	6	16

 정답

① 핵심어 찾기 ×, ○, ○, ×, ×, ○, ○

② 글의 짜임 그리기 ㉮-② 선생님
㉯-③ 지독한 연습 벌레
㉰-④ 강하게 키움
㉱-⑥ 편견 없이

③ 요약 하기 ㉮-① 발레리나
㉯-⑤ 강한 부모님

④ 제목 달기

장애를 극복한 사람들 — 범위가 너무 넓어

휠체어를 탄 발레리나 — 이 글과 상관없는 제목이야

듣지 못하는 발레리나 — 이 글의 제목으로 딱 좋아

 해설

제시문 정리하기

제시문은 발레리나 강진희의 이야기입니다. 강진희는 태어날 때부터 듣지도 말하지도 못하는 청각 장애인입니다. 그런 진희가 어떻게 장애를 딛고 춤을 출 수 있었을까요? 부모님은 진희의 장애를 특별하게 대하지 않고 오히려 강하게 키웠습니다. 선생님은 편견 없이 진희에게 발레를 가르쳤습니다. 진희도 모든 발톱에 피멍이 들어 빠질 정도로 끝없이 연습을 했습니다. 결국, 강한 부모님·편견 없는 선생님·연습 벌레 진희가 발레리나 진희를 만들었답니다.

④ 제목 달기

▶ 장애를 극복한 사람들 : 제시문의 발레리나 강진희는 장애를 극복한 많은 사람들 중에 한 명입니다. 따라서 이 글의 제목으로는 범위가 너무 넓습니다.

▶ 휠체어를 탄 발레리나 : 발레리나 강진희는 휠체어를 탄 지체 장애인이 아니라 들을 수 없는 청각 장애인이므로 이 글의 내용과는 상관이 없습니다.

▶ 듣지 못하는 발레리나 : 장애를 극복한 발레리나 강진희는 태어날 때부터 듣지도 말하지도 못하는 청각 장애인입니다. 그러므로 이 글의 제목으로 알맞습니다.

 22회 97쪽~100쪽

 퍼즐 ①

 정답

① 핵심어 찾기 지구 온난화, 북극곰

② 글의 짜임 그리기 ㉮-② 북극의 얼음
㉯-① 마을로 간
㉰-④ 물에 빠져 죽기도 한다
㉱-⑥ 잡아먹기도

③ 요약 하기 ㉮-⑤ 얼음덩어리
㉯-③ 총에 맞아 죽기도 한다

④ 제목 달기 지구 온난화로 인한 북극곰의 피해

 해설

제시문 정리하기

제시문은 북극곰과 나눈 인터뷰 기사입니다. 지구 온난화로 북극의 얼음이 녹자, 북극곰의 피해가 늘고 있습니다. 바다로 사냥을 나간 북극곰이 쉴 얼음덩어리를 찾지 못해 물에 빠져 죽기도 합니다. 먹이를 찾아 마을로 간 북극곰은 총에 맞아 죽기도 합니다. 그리고 먹이가 부족해지자 어린 북극곰을 잡아먹는 사건이 발생하기도 합니다.

④ 제목 달기

▶ 지구 온난화로 인한 북극곰의 피해 : 제시문은 지구 온난화로 북극의 얼음이 녹아서 먹잇감을 찾는 데 어려움을 겪고 있는 북극곰에 관한 글입니다. 따라서 주어진 어휘로 만든 알맞은 제목은 '지구 온난화로 인한 북극곰의 피해' 입니다.

 23회 101쪽~104쪽

 퍼즐 ③

 정답

① 핵심어 찾기 ○, ×, ○, ×, ×, ○, ○

② 글의 짜임 그리기 ㉮-① 해수면 상승
㉯-④ 지하수의 소금기
㉰-⑥ 열대 폭풍
㉱-② 환경 난민

③ 요약 하기 ㉮-③ 지구 온난화
㉯-⑤ 국제적인 노력

④ 제목 달기 ×, □, ○, △

 해설

제시문 정리하기

제시문은 지구 온난화의 희생양 투발루에

관한 글입니다. 투발루는 남태평양에 있는 섬나라입니다. 극지방의 얼음이 녹으면서 해수면이 상승하자 섬나라 투발루가 조금씩 바닷물에 잠기고 있습니다. 지하수는 소금 기를 띠어 식수를 구하기 어렵고 농사를 지 을 수가 없습니다. 게다가 한 달에 한 번씩 발생하는 열대 폭풍으로 투발루 주민들은 두려움에 떨고 있습니다. 국제적인 노력이 없다면, 머지않아 투발루 주민들은 환경 난 민이 될 처지입니다.

④ 제목 달기

▶ **투발루의 아름다운 자연환경** : 제시문은 지구 온난화로 인해 바닷물에 잠겨 가는 투발루에 관한 글입니다. 따라서 이 글의 내용과는 상관이 없습니다.

▶ **지구 온난화로 인한 피해** : 투발루의 예 는 지구 온난화로 인한 피해 중에 하나 이므로, 이 글의 제목으로는 범위가 너무 넓습니다.

▶ **지구 온난화의 희생양, 투발루** : 제시문은 지구 온난화로 큰 피해를 입어 머잖아 사 라지게 될 투발루에 대한 내용입니다. 그 러므로 이 글의 제목으로 알맞습니다.

▶ **열대 폭풍으로 피해를 입는 투발루** : 제 시문에는 지구 온난화로 인해 투발루가 겪고 있는 피해의 예로 열대 폭풍 외에 도 다른 사례들이 나옵니다. 따라서 이 글의 제목으로는 범위가 좁습니다.

105쪽~108쪽

퍼즐 ②, ③, ❶

| 111 | 112 | 113 | 114 | 115 |

| 212 | 222 | 232 | 242 | 252 |

| 123 | 223 | 323 | 423 | 523 |

정답

 ① 핵심어 찾기 탄소 중립 프로그램

② 글의 짜임 그리기
가-⑥ 배출하는
나-② 줄일
다-④ 차이를 계산
라-① 나무
마-⑦ '0'으로
바-③ 경제적 이익

③ 요약 하기
가-⑤ 이산화탄소량
나-⑧ 지구의 환경

④ 제목 달기

탄소 중립 프로그램의 단계 —— 이 글의 제목으로 딱 좋아

이산화탄소를 없애는 느티나무 —— 범위가 너무 좁아

탄소 중립 프로그램을 아시나요 —— 이 글과 상관 없는 제목이야

해설

제시문 정리하기

제시문은 지구 온난화의 주범인 이산화탄소의 발생량을 '0'으로 만들기 위한 운동인 탄소 중립 프로그램에 관한 글입니다. 탄소 중립 프로그램은 3단계로 나누어집니다. 1단계는 내가 배출하는 이산화탄소량을 확인합니다. 2단계는 내가 줄일 이산화탄소량을 목표로 정합니다. 3단계는 내가 발생시킨 이산화탄소량과 줄인 이산화탄소량의 차이를 계산한 후, 그 차이만큼 나무를 심어 배출량을 '0'으로 만듭니다. 탄소 중립 프로그램은 개인에게 경제적 이익과 건강을 가져다주는 동시에 지구의 환경을 좋게 만든답니다.

④ 제목 달기

▶ **탄소 중립 프로그램의 단계** : 제시문에는 탄소 중립 프로그램이란 무엇이고, 그 실천 방법과 어떤 이익을 주는지에 대해 나와 있습니다. 따라서 이 글의 제목으로 범위가 좁습니다.

▶ **이산화탄소를 없애는 느티나무** : 제시문에는 느티나무에 대해 나오지 않았으므로, 이 글의 내용과는 상관이 없습니다.

▶ **탄소 중립 프로그램을 아시나요** : 제시문은 탄소 중립 프로그램에 관하여 자세한 내용을 다루고 있습니다. 따라서 이 글의 제목으로 알맞습니다.

109쪽~112쪽

퍼즐 1, 3, 5

4	3		3	1		2	1
	1			3			5
6	5		6	4		4	3

정답

① 핵심어 찾기 지역 이기주의

② 글의 짜임 그리기
가-② 님비 현상
나-⑧ 이익이 되는 사업
다-④ 뒷마당
라-③ 앞마당
마-① 지역 이기주의

③ 요약 하기
가-⑥ 혐오 시설
나-⑦ 영화 촬영장
다-⑤ 내가 사는 지역

④ 제목 달기 ×, △, □, ○

해설

제시문 정리하기

제시문은 님비 현상과 핌피 현상을 비교한 글입니다. 님비(NIMBY) 현상은 '내 뒷마당에는 안 된다(Not In My Back Yard)'라는 말에서 왔습니다. 쓰레기 소각장, 화장장 등 혐오 시설은 내가 사는 지역에 설치할 수 없도록 반대하는 것을 말합니다. 반면, 핌피(PIMFY) 현상은 '제발 내 앞마당에서(Please In My Front Yard)'에서 비롯되었습니다. 님비 현상과는 달리 영화 촬영장, 엑스포 등 경제적으로 이익이 되는 사업을 내가 사는 지역에 설치하려고 애쓰는 것이지요. 비록 보이는 현상은 반대이지만, 둘 다 지역 이기주의라는 공통점을 지녔습니다.

④ 제목 달기

▶ **우리나라 님비 현상의 역사** : 제시문에는 우리나라 님비 현상의 역사에 대해 나와 있지 않습니다. 따라서 이 글의 내용과는 상관이 없는 제목입니다.

▶ **님비 현상이란** : 제시문에는 님비 현상과 함께 핌피 현상에 대해서도 나와 있으므

로, 이 글의 제목으로는 범위가 좁습니다.

▶ **지역 이기주의를 보여주는 사건** : 님비 현상과 핌피 현상은 지역 이기주의라는 공통점을 지니고 있는데, 제시문에서 소개한 것 외에도 많은 사건을 들 수 있습니다. 따라서 이 글의 제목으로는 범위가 너무 넓습니다.

▶ **님비 현상과 핌피 현상의 비교** : 제시문에서는 님비 현상과 핌피 현상을 비교하면서 공통점과 차이점을 정리하였습니다. 그러므로 이 글의 제목으로 알맞습니다.

퍼즐 9개

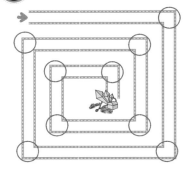

 정답

 핵심어 찾기 ○, ○, ×, ○, ×, ○, ○

글의 짜임 그리기 ㉮-② 혐오 시설
㉯-⑥ 주민들의 반대
㉰-① 대화를 나누었다
㉱-③ 마음이 움직였고

요약 하기 ㉮-⑤ 화장장
㉯-④ 납골당과 장례식장

제목 달기 대화로 님비 현상을 해결한 수원시

 해설

제시문 정리하기

제시문은 인터뷰 형식으로, 님비 현상의 성공적인 해결 사례인 수원 연화장에 관한 내용입니다. 대표적인 혐오 시설인 화장장을

수원시가 설치하기로 하자, 지역 주민들의 반대가 심하였습니다. 그 때문에 2년 동안이나 공사가 중단되기도 했습니다. 하지만 시에서는 이 문제에 대해 주민들과 적극적으로 대화에 나섰고, 결국 주민들의 마음이 움직이기 시작했습니다. 지금은 화장장과 함께 납골당과 장례식장까지 들어서 있습니다.

제목 달기

▶ **대화로 님비 현상을 해결한 수원시** : 제시문은 화장장 건립을 반대했던 수원 시민들에게, 적극적인 대화로 이들의 마음을 돌린 수원시의 이야기입니다. 따라서 주어진 어휘로 만든 알맞은 제목은 '대화로 님비 현상을 해결한 수원시'입니다.

퍼즐 2-3-6, 1-4-6

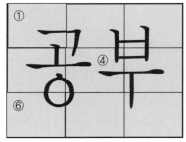

 정답

핵심어 찾기 ○, ○, ○, ×, ○, ○

글의 짜임 그리기 ㉮-① 갈 곳 없는
㉯-⑤ 노인 인구가
㉰-⑥ 반대를 한다
㉱-② 떨어질 거라고

 요약 하기 ㉮-④ 노인 요양 시설은
㉯-③ 님비 현상

제목 달기 ×, △, ○

 해설

제시문 정리하기

제시문은 노인 요양 시설을 둘러싼 마을 주민들의 반대를 지켜보는 아이의 일기입니다. 노인 요양 시설은 노인들을 위한 곳으로, 병이 들거나 갈 곳이 없는 분들이 모여 사는 곳입니다. 노인 인구가 많아질수록 꼭 필요한 시설임에도 불구하고, 설치하기는 그리 쉽지가 않습니다. 노인 요양 시설에 대한 님비 현상 때문입니다. 주민들이 노인 요양 시설을 반대하는 이유는 집값이 떨어질 거라 생각하기 때문입니다. 과연, 노인 요양 시설이 쓰레기 소각장 같은 혐오 시설인지 한 번쯤 생각해 봐야 할 듯합니다.

제목 달기

▶ **노인 요양 시설의 설치를 환영합니다** : 제시문의 마을은 노인 요양 시설을 반대하고 있습니다. 따라서 이 글의 내용과는 상관이 없는 제목입니다.

▶ **미래에 꼭 필요한 노인 요양 시설** : 제시문에는 노인 요양 시설이 앞으로 필요한 시설이라고 나와 있는데, 글의 일부분입니다. 그러므로 이 글의 제목으로는 범위가 좁습니다.

▶ **노인 요양 시설, 우리 동네엔 싫어요** : 제시문은 노인 요양 시설을 반대하는 마을 사람들에 관한 글이므로, 이 글의 제목으로 알맞습니다.

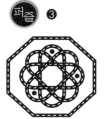 퍼즐 ③

정답

① **핵심어 찾기** 동물, 자연 현상의 변화, 능력

② **글의 짜임 그리기**
　　⑦-② 쓰촨성 대지진
　　④-④ 안전한 지역으로
　　④-⑥ 인간의 과학기술을

③ **요약 하기**
　　⑦-① 자연재해의 발생을
　　④-⑤ 쓰나미가
　　④-③ 결합

④ **제목 달기**

동물의 특별한 능력 ●──● 이 글의 제목으로 딱 좋아

자연재해의 발생 원인 ●　　● 범위가 너무 좁아

쓰나미를 미리 안 코끼리 ●　　● 이 글과 상관 없는 제목이야

자연재해의 예측 ●──● 범위가 너무 넓어

제시문 정리하기

제시문은 기상의 변화를 미리 알 수 있는 동물의 특별한 능력에 관한 글입니다. 동물은 땅의 움직임과 온도 등 자연 현상의 변화를 사람보다 훨씬 빨리 느낄 수 있습니다. 이런 능력 때문에 동물은 자연재해의 발생을 미리 알고 대피합니다. 쓰나미가 발생하기 전에, 해변가에 있던 코끼리와 영양은 미리 안전한 곳으로 대피했고, 쓰촨성 대지진 때에도 두꺼비들은 지진이 발생하기 전에 미리 이동했습니다. 따라서 커다란 피해를 가져오는 자연재해를 예측하기 위해, 동물의 특별한 능력과 인간의 과학기술을 결합해야 합니다.

④ **제목 달기**

▶ **동물의 특별한 능력** : 제시문은 동물들이 자연재해를 예측하는 특별한 능력에 관해 소개합니다. 따라서 이 글의 제목으로 알맞습니다.

▶ **자연재해의 발생원인** : 제시문에는 자연재해의 발생 원인에 대한 내용이었습니다. 그러므로 이 글의 내용과는 상관없는 제목입니다.

▶ **쓰나미를 미리 안 코끼리** : 제시문에는 동물들이 자연재해를 미리 알고 대피한 예로 쓰나미를 미리 안 코끼리를 소개합니다. 하지만 쓰촨성 대지진의 두꺼비들도 함께 소개하므로 이 글의 제목으로는 범위가 너무 좁습니다.

▶ **자연재해의 예측** : 자연재해를 예측하는 방법에는 과학적인 방법 외에도 여러 가지가 있습니다. 따라서 이 글의 제목으로는 범위가 너무 넓습니다.

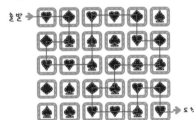

정답

① **핵심어 찾기** 기상이변, 행복의 땅

② **글의 짜임 그리기**
　　⑦-② 기상이변
　　④-⑥ 삶의 터전
　　④-⑤ 가축과 사료
　　④-④ 희망

③ **요약 하기**
　　⑦-① 몽골
　　④-③ 농장

④ **제목 달기** ✕, △, □, ○

제시문 정리하기

제시문은 몽골의 자르갈란트에 관한 글로, 자르갈란트 마을은 우리나라가 기상이변으로 큰 해를 입은 몽골을 도와 만든 마을입니다. 몽골은 1999년부터 3년간 기상이변으로 큰 피해를 입었습니다. 특히 2001년에는 영하 52도까지 기온이 떨어지고 폭설이 내려, 가축 250만 마리가 죽었습니다. 소와

양을 키우며 사는 몽골 사람들은 삶의 터전을 완전히 잃어버렸습니다. 이때, 한국의 국제협력단원들은 자르갈란트 마을에 농장을 만들어, 가축과 사료를 빌려 주었습니다. 몽골 사람들은 점차 희망을 갖기 시작했고, 이제는 기상이변의 피해를 이겨내고 삶의 터전을 다시 만들고 있습니다.

④ **제목 달기**

▶ **자연재해를 이겨내는 한국인** : 제시문에는 자연재해를 이겨내는 한국인에 대해서는 나와 있지 않으므로, 이 글의 내용과는 관계가 없습니다.

▶ **몽골의 사료 은행** : 제시문에는 기상이변으로 인한 피해를 극복하기 위해 마련된 사료 은행이 나와 있습니다. 하지만 내용의 일부분입니다. 따라서 이 글의 제목으로는 범위가 너무 좁습니다.

▶ **지구촌과 기상이변** : 지구촌이 겪고 있는 기상이변의 피해는 몽골 외에도 북극, 남태평양의 섬나라 등 다양합니다. 그러므로 이 글의 제목으로는 범위가 넓습니다.

▶ **새로운 희망을 키우는 몽골** : 제시문은 기상이변으로 인한 큰 피해를 이겨내고, 새로운 희망을 꿈꾸는 몽골에 관한 이야기입니다. 따라서 이 글의 제목으로 알맞습니다.

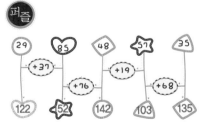

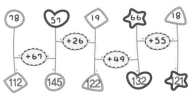

정답

① **핵심어 찾기** 자연 파괴

② **글의 짜임 그리기** ㉮-② 바다
　　　　　　　　　　㉯-③ 골프장
　　　　　　　　　　㉰-④ 기름 유출
　　　　　　　　　　㉱-⑥ 지구 온난화

③ **요약 하기** ㉮-① 욕심
　　　　　　　㉯-⑤ 재앙

④ **제목 달기** ○, △, □, ×

해설

제시문 정리하기

제시문은 세상을 만든 신화 속 주인공 마고할미의 편지로, 인간의 끊임없는 욕심으로 파괴되는 자연환경에 관한 내용입니다. 골프장과 도로의 건설로 산과 숲이 사라지고, 동물의 이동이 불가능해졌습니다. 갯벌을 매립하거나 기름 유출 사고로 바다가 오염되어 바다 생물이 사라지고 있습니다. 지나친 자동차 사용으로 매연이 급격히 발생하여, 산성비와 지구 온난화가 더욱 심각합니다. 인간들이 계속해서 지구의 환경을 소중히 여기지 않는다면, 인간에게도 곧 큰 재앙이 닥칠 것입니다.

④ **제목 달기**

▶ **뿔난 마고할미** : 제시문은 인간의 욕심이 지구를 파괴하고 있음을 경고하는 마고할미의 편지입니다. 따라서 이 글의 제목으로 알맞습니다.

▶ **사라지는 갯벌** : 제시문에는 인간의 욕심으로 파괴되는 자연환경으로 여러 가지를 소개하고 있습니다. 사라지는 갯벌은 그 중에 하나이므로, 이 글의 제목으로는 범위가 좁습니다.

▶ **세상을 만든 마고할미** : 제시문에는 마고할미가 세상을 만들었다고 나와 있지만, 이 글의 제목으로 하기에는 범위가 너무 넓습니다.

▶ **외로운 마고할미** : 제시문에는 마고할미가 자연환경 파괴로 인해 여기저기 아프다고 할 뿐 외롭다고 하지는 않습니다. 그러므로 이 글의 내용과는 상관이 없는 제목입니다.

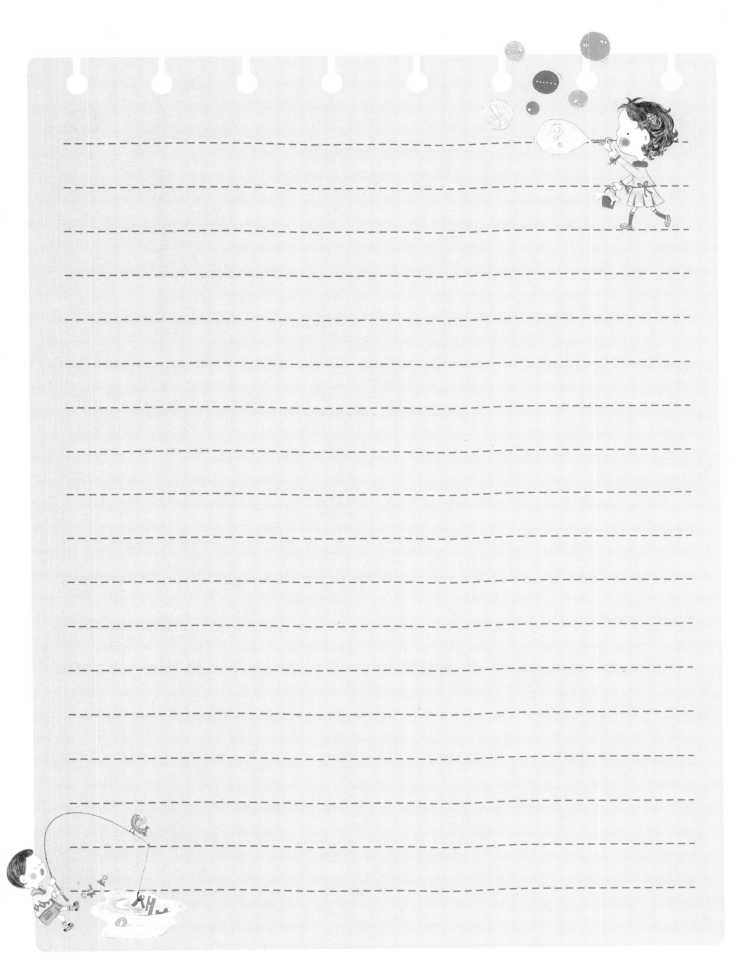

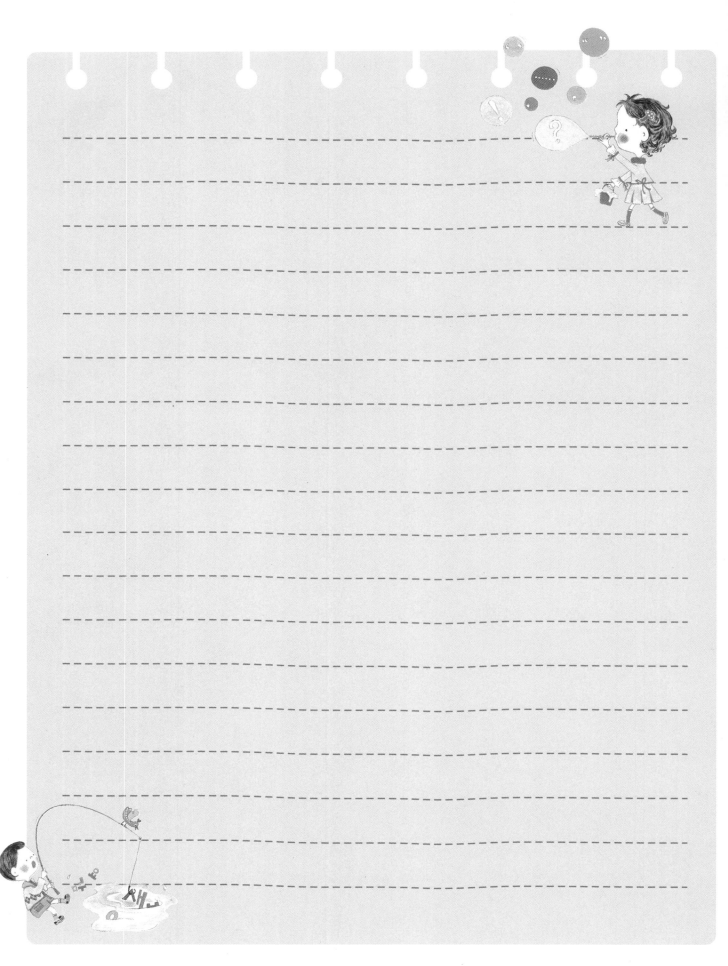